學

学ぶことは生きがい

大学と共に歩んだ60年の経験より

玉木長良

学ぶことは生きがい

目次

はじめに

大学は最高学府とされています。最近では多くの若手が大学まで進学するようになりました。皆が進学するようになって、庶民化してきています。ある意味ではこれまでの威厳のあった大学も、広く一般的な学習の場になったと言えるかもしれません。大学生活は自分自身で設計していくものです。意欲的かつ積極的に取り組むことで、学生生活を価値の高いものにできるだけでなく、その後の人生も大きく発展させることができます。卒業後社会人として巣立っていく直前の大学でしっかり学ぶこと、学ぶ姿勢を獲得していただきたいものです。

他方、大学で教える側も、意欲的な学生に魅力ある機会を提供する必要があります。教えるためには、さらに高いレベルの学習が求められます。教えられる方もまた教える方も、この機会を十分活かして有意義な大学生活にし、魅力ある学びの場にしてほしいものです。もとより大学は大切な学ぶ場であり、人を育てる最終の場です。この本では、長年大学と関わりのあった一人として、私の経験を紹介しつつ、学ぶことの楽しさ、大切さを皆さんに伝えたいと思い立ちました。

私の人生は大学との関係が深いのです。これまで自分自身は学ぶこと、教えることを生きがいとして過ごしてきました。〝大学と共に歩んだ60年〟と書くと、私を80歳代の年輩人と想像されるかもしれません。でも私は60過ぎで定年退職を迎えようとしている、普通の大学教員です。実際大学教員として正式に勤めたのは、1984年から30年余りです。それだけでもかなり長い関わりでしょう。でも私は多少特殊な経歴を持っており、大学との関わりは約60年にも及びます。

1957年私が5歳から通った幼稚園は長崎大学学芸学部附属幼稚園で

した。その後一貫して附属小・中・高校と通い、常に大学附属機関に在学し、優れた教員の元で教育を受けて育ってきました。その後京都大学医学部へ進学。卒業後いったん2年間の市中病院の研修医を経験していますが、その後大学院に入り、１９８４年に大学院修了後、すぐに大学教員に採用していただきました。その後は京都大学そして北海道大学で教員として30年余り、若手の指導に当たってきました。先日（２０１６年4月）は北海道大学で名誉教授の称号をいただきました。65歳の定年を迎えるまで、実に数えること60年間、何らかの関係で大学との関わりで教えを受け、教員として若手の指導にあたってきたことになります。

定年退職する時期がやってきました。大学での生活を振り返る機会も増えました。特に自分の成長する過程で、大学の附属学校や大学から魅力ある教育をほどこしていただき、のびのびと成長することができました。また大学教員となった後は、恵まれた環境下で最先端の研究に勤しむと共に、次世代の育成のための教育に尽力してきました。

長年お世話になった北海道大学をはじめ、大学人として多くの機関の方々と交流することができ、私の人生にとってはかけがえのない宝となりました。お世話になった皆さんに感謝の気持ちを少しでも伝えるためこの本を出版し、私のこれまでの大学での貴重な経験を語りたいと思い立ちました。特に現在大学で勉学に励んでいる学生諸君、大学院で研究に従事している研究者の皆さん、さらには大学で勤務している教員の方々にはぜひ一読していただきたいと考えています。

1　魅力ある出会いが豊かな人生を形づくる

人との出会いはその後の人生を大きく左右します。それぞれ皆さん自身の人生を振り返ってみてください。進学先はもちろん、自分の専門や就職先の舵取りをする時、あるいは人生観（哲学）や人生の目標を定めていく時、それまでに巡り会った人々から大きな影響を受けたことでしょう。幼少の頃から大学に入るまで、いろいろな人生での出会いがあったと思います。これを機会にどのような出会いがあり、ご自身の人生にどのような影響をうけたのか、振り返ってみてください。また学生諸君には、これから待ち受けている魅力ある人との出会いがあるものです。自分自身の人生の向上にうまく働く場合もあれば、逆に好ましくない方向に陥る危険性を秘めている場合もあるかもしれません。いずれにせよ、人との出会いを自分の人生設計にプラスに活かしてほしいものです。

教える側からすると、若い人に強くアピールできる魅力ある人生観を育て、あるいは将来性の高い専門分野を教えて、専門家としての指針を与える教育の場も多いものです。教育を授かる側も授ける側も、お互いにとって魅力ある出会いが豊かな人生を形作ると信じています。そのような人生での出会い、きっかけを大切にして、その後の進路の指針にしてほしいと願っています。私自身、教職の免許をもっているわけではありません（大学教員の多くは持っていないでしょう）。でも大学で長年学生を教えていると、人間関係が重要な要素であることがよくわかります。

以下に、私の小さいころから大学に至るまでの長年の経験を紹介します。大学とのふれあいの大切さを感じとって下さい。

私には四つのふるさとがあります。四つのふるさとを持つようになったのは、私と同様、生涯大学教員であった父の影響が大です。父は京都大学医学部を卒業後、ただちに慶応大学に移り、その後岐阜大学、長崎大学、大阪市立大学と幾つかの大学を転々としました。姉・兄は東京で生まれ、末っ子の私は岐阜で生まれました。名前はその地方の名前にちなんで長良（長良川からとりました）とつけてくれました。その後何度か中部地区での講演などで訪問していますが、この地方の方には私の名前に親しみを感じて下さるようです。最初のふるさとの岐阜には、5年足らずしか生活しておらず、記憶がごく断片的にしか残っていないのが残念です。

5歳からの10年間、最も多感な時代を長崎で過ごしました。私にとっての第二のふるさとです。ここで幼稚園から小学校、そして中学の2年生までを過ごしました。長崎は人情厚い街で、さまざまな友人を数多く作りました。ここでの経験は今でも私にとって大切な財産となっています。何より長崎は風光明媚なところで、歴史的にも貴重な財産のあるところです。私はもちろん、私の家族も長崎は大好きで、これまでに何度もこの街を訪れています。

中学2年生の終わりに京都へ引っ越しました。父から突然の転校を告げられた時は、きわめて困惑しました。無二の親友たちと別れることが何よりつらく、進学や友人、生活のことの心配を抱えつつ、父親を恨みつつもやむなく京都に引っ越しをしました。転校直後の中学3年生は、不慣れな環境での受験勉強、友人との交流などで苦労しました。でも時間は次第に問題解決をしてくれます。私は逸脱することなく、何とか希望の附属高校に進学することができ、成績もかろうじて維持することができました。友人も少しずつ増えてきました。

第三のふるさとである京都には最も長い時間を過ごしました。そこでの27年の生活は、人格を形成し、勉学に勤しむと共に、研究者としての道を選択し、そして大学人として一定の業績を積み上げるのに役立った時期です。附属高校時代は、勉学も進めましたが、クラブ活動や生徒会活動などにも参加し、充実した学生生活を過ごせました。

皆が受験勉強に入る3年生から1年間、米国への交換留学する機会をもらいました。(これについては後で紹介します。)アメリカの高校を卒業した後、新学年の3年生として京都の高校に復帰しました。ちょうど学園紛争が高校に波及していた時期でもあり、高校が封鎖されたこともあって、最後の一年は大変な高校生活でした。しかしこの封鎖はすぐに排除され、平穏な学生生活に戻りました。さすがに最後の半年は大学受験の準備に追われたこともあり、無味乾燥な時期を過ごしました。

その後、念願の京都大学医学部に入学することができ、卒業後順調に医師として、また研究者、教育者としての道を進んできました。この頃は自分自身の人生にとって、順風満帆の時期だったかもしれません。恵まれた研究環境と人材に囲まれて、存分に自分の勉学と研究を展開できました。自分自身の研究の発展のために、二度目の留学も果たしました。研究業績も相当数に上っていた頃、突然北海道大学から教授として来ないか、とお誘いがかかりました。これにはずいぶん迷いました。なにより困ったのは、私の子供たちが小中学校にあがり、多感な時期を迎えていたことです。彼らを一緒に北海道に連れて行けるか、との問題で悩みました。でも私自身は自分の可能性をかけて、北大に移ることを決断しました。何より長年放射線医学の教授をしてきた実父も、また当時福井医大教授をしていた義父も共に背中を押してくれました。ただ、ちょうど長男が中学に入学した後でした。以前に自分が経験した転校のつらさを、子供たちに経験させることは避けようと思いました。当時に比べて、交通機関もかなり発達しています。家内との相談の上、単身で札幌に赴任することにしました。

こうして第四の生活が札幌で始まりました。北海道はもともと開拓でスタートした地域であり、私のようなよそ者も心温かく迎えてくれました（これが歴史ある京都との大きな違いのひとつだったのかもしれません）。43歳になりたての私にとっても、すぐに生活になじむことができました。北海道は冬が長くつらいと言われる方も多いのですが、私はスキーを始めたり、温泉めぐりをしたり、と抵抗なく長い冬を快適に過ごすことができました。長い冬の後に訪れる春は、一斉に花咲く待ち遠しい魅力ある季節です。夏は猛暑の京都と異なり、適度の気温で過ごしやすいです。そして最高に素晴らしいのが、金色に輝く紅葉の秋です。北大の銀杏並木の紅葉は、最高のお気に入りとして、講演スライドや学会ポスターなどにも利用してきました。四季折々の季節の楽しみは、食べ物の楽しみともなります。単身赴任ですが、家族は京都から何度も足を運び、スキー、旅行、そして食材を楽しんでくれました。他方、私は自分自身の研究よりも、周囲の学生や大学院生への教育、若手の教室員および教室に関連の深い研究者の育成に力を注いできました。また大学の種々の要職を務める、よい経験もさせていただきました。

このように私にとってこの四つの街はかけがえのないふるさとです。記憶の少ない岐阜はさておき、各種の情報誌によると長崎、京都、札幌はそれぞれいろいろなアンケート調査で旅行に行きたいベスト10に必ず入ります。いずれも風光明媚な歴史ある名所でもあります。ただここで強調したいのは、**ふるさとの素晴らしさだけでなく、各々の地**

域で接した人との出会いが貴重だということです。人との出会いとそれによって得られた人生経験こそが、そのふるさとの価値を高めているように思います。ふるさとの魅力は後でじっくり触れてみたいと思います。

小学校から現在に至るまで、いろいろな出会いがあり、それぞれ自分の人生を豊かにすることができます。その中でも私の人生を大きく左右した貴重な出会いをここで紹介します。

大学を卒業した直後の研修医時代、私にとっては自分の人生の過ごし方、そして自分の進路を大きく左右した先生方との貴重な出会いがありました。社会人になりたての頃で、まだ若く未熟なこともあり、何でも学習し、身につく時代だったのでしょう。

たまたま研修医として全く新しい分野である核医学検査部門に出入りしていました。そこでお目にかかったのが、核医学部長をしておられた先生です。先生は部長として診療に携わると共に、検査部門の責任者として、多くの臨床検査技師らと共に、診療や研究に力を注いでおられました。特に学会発表には力を注がれ、私たちのような若手の医師はもちろん、臨床検査技師にも研究発表を指導しておられました。発表直前になると、当事者はもちろん、その部署をあげて発表のまとめ方やスライド作成などを協力し合っていました。当時は医療チームなる考え方はありませんでしたが、先生はすでに医師と検査技師、看護師らと対等な関係を保ち、お互いに助け合う医療チーム体制を見事に作っておられました。私の研究発表はもちろん技師さん達が夜遅くまで付き合って手助けしてくれました。逆に彼らの発表の折には、私たちが助っ人を買って出ました。**このように医療の現場で医師、技師、看護師がお互いに対等の立場で助け合い、相手を尊重しあう考え方は、最近医療チームとして重要視されています。**私自身、その後勤めた京都大学病院でも北海道大学病院でも、この経験を十分活かして踏襲してきました。

私の人生の舵取りをしてくださった方として紹介したいのは、研修医時代に講演会でお話を伺った、ハーバード大学医学部の核医学部門の教授、H. William Strauss 先生です。先生はタリウム心筋血流シンチグラフィを臨床に初めて応用された方の一人で、若くしてハーバード大学医学部の教授になられました。まさに現在ある心臓核医学検査の創設者の一人です。先生の来日の講演は、心筋の血流分布が映像化され、心筋虚血が目で見えるという、当時では画期的な内容でした。ちょうど循環器内科を研修で回り始めていた私には、印象深いものでした。

日本でも臨床で使えるようになっていたので、さっそく自分の患者に利用しました。自分で運動負荷検査を行って静脈投与し、その後カメラで撮影した心筋血流分布画像は、血流低下した虚血病変を見事に捉えていて、感激でした。この新しい検査は、きっと大きく臨床で利用されるに違いないと確信しました。

その後、この心筋血流シンチグラフィ（血流イメージング）を自分の当面の研究テーマにしようと決意しました。だいぶ後になりますが、大学院修了後の留学先は、Strauss 先生のおられるハーバード大学医学部マサチューセッツ総合病院（Massachusetts General Hospital: MGH）を選択しました。もちろん Strauss 先生は、私の大学院での研究発表をよく知っておられ、快く迎えてくださいました。大学時代に哲学を専攻しておられた Strauss 先生からは、研究指導はもちろん、研究者としての心構えも教えていただきました。２年間の留学期間からすでに20年余りになりますが、いまでも良いおつきあいをさせていただいています。

私の人生を左右したもうひと方は、神戸中央市民病院の研修医時代に同病院で循環器内科の部長をされていた先生です。先生からは循環器疾患診療の重要性と、超音波を中心とした非侵襲的画像診断法の面白さを教えていただきました。当時より心臓超音波検査は隆盛で、大きく発展していました。形態画像と流れを見るのに優れた検査法で、その多くは弁膜疾患を対象としていました。でも先生は、これから超音波検査も虚血性心疾患を対象とするべきであることを熱く語っておられました。当時この検査法は、虚血性心疾患を対象としにくかったのですが、先生の教室は新しいことに次々に果敢に挑戦しておられました。

研修医時代に学んだ心筋血流シンチグラフィで見えてくる虚血所見は、魅力的であることを述べましたが、画像があまり鮮明でなく、やや説得力に欠ける欠点がありました。私なりにこの検査に感動して先生にその画像を見せに行ったのですが、こんな画像ではNuclear MedicineではなくNon-clear Medicineだと一笑されました。でも臨床の現場で虚血を映像化することの意義はよく理解してくださり、先生からは説得力があり客観的に判定することの重要性を、痛いほど教えていただきました。核医学に対する当時の厳しい指摘は、その後私自身の核医学検査の画質改善への取り組みの大きな動機ともなりました。他方、先生のグループは心臓超音波検査を発展させ、虚血性心疾患を含む幅広い疾患に利用を広げられ、多くの優れた人材を輩出しました。かたや私は、この先生の教え子として、一人心臓核医学の道を歩むことになりました。

二つの手法は虚血性心疾患の評価では競合することもありましたが、お互い刺激しあって、発展してきたと信じています。最近先生の訃報を耳にしました。本当に多くのことを教えていただいたことを改めて感謝します。心からご冥福を祈ります。

このような魅力ある〝師〟との出会いがあって、私自身は心臓核医学を自分の研究テーマにしてきました。循環器内科の研修はわずか4カ月であり、その後私は核医学、放射線科専門医の道を進みましたが、その後も循環器内科の諸先生方との交流は継続しています。何より循環器診療で求められている画像情報を教わる機会が多いものです。他方、適切なコメントや批判を受けつつ、私たちの画像をより良いものに改良していくこともできます。循環器専門家との交流は、自分の大切な財産となっています。

直接ご指導を受けたわけではないのですが、核医学の父と評価の高い Johns Hopkins 大学核医学教授の Henry Wagner 先生もここで紹介しておきます。Wagner 先生の講演や出版物などから、いろいろと学ぶことがありました。学会でお目にかかるとよく言われたのは、玉木は核医学の第4世代か、との質問でした。その意味を問い合わせると、自分はこの専門の第2世代である。私の教え子はStrauss先生だから、Strauss先生に教えを受けた玉木は第4世代ということになります。すなわち誰が誰に教え諭すか、と常に考えておられたようです。私が仮に第4世代とすると、私が京都大学、北海道大学で育ててきた研究者は第5世代となります。彼らがこれから活躍して、第6世代を育て上げていくことを心待ちにしています。**このように次の世代に学問の重要性を継承していくこと、そして何よりこれらを引き継いでくれる人材を育てていくことが教育の極意でしょう。**

そのWagner先生からStrauss先生に伝授されたのが、毎日早朝の臨床カンファランスです。前日（あるいは当直時）の臨床の症例を若手医師が提示して、その判断（診断）が妥当であったかどうかを、スタッフが確認するものでした。たとえば当直をしていて緊急検査の依頼があると、当直医はその検査の妥当性を確認して受託するかどうか（その場で行うか、翌日回しにするか）を決定しないといけません。緊急で受けた検査が正しい適用であり、患者に役立つ情報が得られれば、皆で賞賛しました。逆に適用がないのに検査を受けたとすると、批判をされていました。このように常に若手医師の行った行為を翌日早朝に全員がチェックする体制は、臨床の質を高める意味でも、また教育の観点からも重要でした。

Wagner 先生の著書に“Life is a classroom where we are both students and teachers.”（人生は皆が生徒になったり、先生になったりする教室である）という言葉があります。**学ぶことと教えることは表裏一体と言えます。教えるためには十分の学習が求められます。また学生に教える場面で学生から新鮮で新しい考え方を学ぶことも多いものです。大学はもちろん、人生のあらゆる場面で学ぶ機会がありますし、私たちの行為や考え方が周囲の人に良い教訓を授けていければ、と思います。**

その後京都大学、北海道大学で、さらには二度の留学の折にさまざまな魅力ある方々との出会いがありました（これらについては後で詳しく紹介させていただきます）。

魅力ある方々との出会いは自分自身を切磋琢磨し、自分の人生観を高めると共に、自分の力を伸ばし、研究分野を発展させることに役立ちます。自分自身のその後の進歩

は、教えた相手の方々にとってもプラスに働くと信じています。人との出会いを大切にしてほしいし、今後も人間関係を大切に育てていきたいものです。

これから大学での学び、教えたことを記載していきますが、その前に私が育った環境についても紹介しつつ、学ぶことの大切さ、教えることの重要性を伝えたいと思います。

2　幼少から高校までの経験は大切

皆それぞれに遠い昔、年少の頃の思い出をもっているでしょう。それらを思い起こしてください。つらいこともあったでしょうが、多くは懐かしい魅力的な過去をもっているのではないでしょうか。大切な思い出として、心の隅にしまっておいてほしいものです。小学校で教わったことについては、ずいぶん昔のことでもあり、あまり鮮明な記憶ではないかもしれません。中学に入ると、英語や数学の授業が始まります。また高校になると古文や漢文などの授業が始まります。それぞれに得意なものや不得意な科目があったでしょう。また学校生活でいろいろな友達を作って、楽しい学生生活を過ごしたことでしょう。でも皆さんはきっと鮮明な懐かしい思い出をいくつか持っておられることと思います。**幼少から高校までの経験は、その後の人格形成に大きく影響します。魅力ある経験をした人は、その後順調に人生設計を進めてもらいたいものです。他方、あまり良い思い出のなかった人は、逆に大学生活で人生観を転換させて、新しい経験を積**

み、人との出会いを大切にして、人生観や生活設計を見直してみる努力が必要かもしれません。不幸な経験の中でも学ぶことは多いし、それを前向きにとらえなおす努力も必要かもしれません。

以下に私の幼少の頃のことを書いてみますが、皆さんも自分自身のことをぜひ振り返ってください。

私は「はじめに」でも述べましたが、小学校から高校まで大学教育学部（昔は学芸学部との名称だった）の附属校に属していました。名前の通り、大学に所属しているだけに、教育に熱心な多くの先生がおられ、独特の魅力ある授業をしていただきました。大学の附属機関だけに、新しい試みが授業や課外授業などにふんだんに取り入れられていたようです。私自身ほとんどの先生になじんで、意欲的に勉学に励みました。また人格形成にも大いに役立ったと思っています。また常に教育実習があり、学校の先生を希望する若手大学生から、創意工夫された熱心な教育をじかに受ける機会も多かったのです。教育実習の先生は年齢が比較的近いこともあり、授業はもちろん、生活やクラブなどの点でも直接ご指導をいただきました。附属の学校で接することのできた多くの先生方には、心から感謝しています。

附属学校では、いろいろと貴重な経験をさせていただきました。その中で生活しているとそれほど感じませんでしたが、後で振り返ると特殊な環境であったことがよくわかります。確かに大学の教育学部の元、教育に関するさまざまな試みがなされていました。学部は異なりますが、後で大学教員となって大学生の教育指導をするようになると、種々の試みが貴重であることが理解できます。附属学校で担当していただいた先生方は皆さん、教育指導に熱意をもっておられましたし、また意欲的に種々の新しい試みをしておられました。そのような環境下で、育てていただいたことを感謝しています。

小学校ではそれぞれクラス担任の先生が、ほとんどすべての授業を担当しておられました。理科や算数の専門の先生でも、体育の授業も担当しておられたのには感心しました。私はどちらかというと体育が苦手で、5年生になるまで鉄棒の逆上がりができませんでした。皆簡単に逆上がりができるようになり、クラスでできないのが二人までになった時、担任の先生から、腕の力をつけて挑戦してみては、と提案いただきました。そこで腕立て伏せなどで徹底的に筋力をつけ、何度も先生に助けられて練習を繰り返した結果、ようやく逆上がりができるようになりました。クラスの皆の前で逆上がりができた時、自分自身はもちろんですが、クラス全員が自分のことのように喜んで拍手してくれたのが、感動的でした。その時のことを今でも最近のことのように思い出します。また、このようなクラスでの場面を作ってくださった担任の先生には心から感謝しています。

家庭科と音楽だけは専門の先生がおられました。家庭科ではミシンを使ってボタン付けをしたこともありました。ただ、その後ミシンを使う機会はありませんでした。家庭科で役立ったのは料理作りでしょう。授業では皆で味噌汁を作ったこともありました。これには母が感心していましたが、母の密かな期待に反して、それを契機に料理に取り組むことはありませんでした。でもこの家庭科の授業は、30年以上経過して私が札幌で単身赴任生活を始めるようになって、本当に役立ちました。〝昔取った杵柄〟とはよく言ったもので、以前に学んだ包丁などの使い方を思い起こして、台所で料理に挑戦しました。何より自炊しようと思い立ったのは、この家庭科の授業での経験を少しでも覚えていたからではないか、と思います。思いがけない小学校の授業の役立ちでした。

小学校においてディベート（討論）を試みた授業がありました。附属小学校ならではの試行の授業だったのかもしれません。その授業は、街には電車があった方がよいか、それとも電車をなくしてバスの方がよいかという議論を、ランダムに分けた二つのグループ間で討論するものでした。もちろんどちらが優れているかといった結論は出せませんが、それぞれの交通手段の特徴を知るには良い方法でした。環境にやさしい電車の利点と、道さえあればどこでも行けるバスの魅力。双方の意見は、今でもよく覚えています。このような新しい試みをされた担当の先生が最も奮闘され、上手に討論をまとめておられました。

私の第二のふるさとである長崎は、平地が少なく道路も狭いのですが、現在でも路面電車が中心的な交通手段となっています。何といっても慢性交通渋滞の中、タクシーよりも早くて、どこまで行っても１００円と安価なのは魅力です（最近値上げされて１２０円になっていました）。他方、第三のふるさとの京都では、長年街のシンボルであった路面電車を廃止しました。その結果、一時は車が走りやすくなり利便性は増しましたが、車両の増加と共に慢性渋滞となってしまいました。せっかくなら風情のある路面電車を残しておけばよかったのに、との声をよく耳にします。小学校で行われたこのディベートのテーマは、まちづくりのモデル化に大きく関与する重要事項でした。

ディベートに話を戻しますが、**自分の意見をまとめて討論するやり方は、授業に前向きに取り組むことはもちろん、相手の意見をしっかりとらえて自分の意見を主張する、という日常生活での基本的な姿勢を学ぶ上でも貴重だと思います。**後でも述べますが、米国ではこのようなディベートの授業が、小中高校からふんだんに取り入れてあります。そのような中で育ってきた米国の多くの若者は、弁が立つのは当然かもしれません。最近日本の多くの学校で、討論が取り入れられようとしているのは、喜ばしい傾向だと感じています。ディベートの授業で表彰されていた米国の友人に話を聴いたことがあります。単に**自己主張して相手を論破するのではなく、その場の主題のことを十分理解し、相手の主張をよく呑み込むことが第一に重要です。そして相手の主張の特徴と課題を的確に説明した上で、説得力のある自分の意見を強調する姿勢が大切でしょう、**と語っていました。なるほど、ディベートの根本をついている発言だと思いました。

長崎の附属中学校には、小学校からほとんど皆進学しただけでなく、他の小学校卒業の生徒も増えて、多種多様な人々が増えてにぎやかになりました。新しい友人も数多くできました。ちょうど気の合った少人数で交換ノートするのがはやっており、私も中学1年のクラスの中で、親しい男女の仲間数人と交換ノートを介したグループ交際を始めました。ノートが回っている時のワクワク感は今でも覚えています。学校のこと、日常生活のことなど好き放題に書いて、次の友人に回していました。日常会話では話しにくいことも、ノートに記載すると、案外スラスラと自分の意見を書けるものです。このようなことができるのも、中学生時代がベストなのかもしれません。友人たちがどんなことを考えているのか、特に異性の人の考え方、感じ方を知る本当に良い機会でもありました。

中学1年の担任の先生は、地理が専門でした。1年生の半ばに教室の机を並べて、日本の立体的な地図を配置しました。教室の半分ほども占める大きな地図だったので、皆教室に座るスペースもわずかになるほどでした。先生は一人ひとりに、この地図を観察して、日本の地形の特徴を述べさせていました。自分たちの住んでいる長崎は、日本の西の端に位置すること、日本の中央にはアルプスの山々があること（これは立体地図なのでよくわかります）、そして北には北海道という広大な土地があること（まさかそれから二十数年後に自分がそこに赴任するとは、予想だにしませんでした）など、いろいろなことを大きな立体地図を見て感じることができる魅力ある実習でした。

中学になると初めて英語の授業があります。皆さんは上手にこの授業になじまれたでしょうか。私は当初困惑しましたが、その後比較的スムーズに取り組むことができ、その後は英語が大好きになりました。ただ一人称から三人称まで、また現在形から過去形に、どうして動詞が変化しないといけないのか、不思議に思いました。皆さんはどうだったでしょうか。ちょうど英語を習い始めて間もないころ、父の留学時代にお世話になったCharles Dotter先生が、長崎に父を訪ねてこられたことがあります。その折に先生を交えて家族で会食する機会がありました。その時、初めて英語を使うことになりました。習いたての〝This is a pen.〟と話すと、それが通じて先生がにっこりされたことがうれしかった記憶として残っています。その後Charles Dotter先生は血管内治療の先駆者として活躍され、多くの日本人が彼の元に留学したおられます。そんな偉い方が、私の最初に英語を話した外国人であったことになります。

私は典型的な理数系の人間だったようで、数学や理科は好きでしたが、国語は苦手でした。国語の先生には、どうしたら国語の成績が上がるか、職員室に伺いに行ったことがあります。先生からは小説を読むことを勧められました。これを機会に夏目漱石などの小説を読み始めました。特に三島由紀夫の『潮騒』は夜、寝食を忘れて読破しました。海に面した長崎に住んでいればこそ、この小説の場面は臨場感があります。何よりストーリーの面白さは、読んだ人皆が感じるでしょう。先生曰く、〝小説を読むようになって成績が上がった〟とのことでしたが、実際にはあまり上がっておらず、先生からの暗示であったように思います。ただこれを機会に読書に親しみを持つようになったことには、感謝しています。

中学2年の担任には大変お世話になりました。技術の専門で男子を対象に指導されることもあり、男子だけのクラス担任を長く務めておられました。従って2年生は女っ気のない男子クラスに在籍していました。女子のいない華やかさに欠けたクラスは、当初抵抗もあったのですが、男子だけでできる授業やクラスの取り組みがあり、思いのほかこの1年間を楽しく過ごすことができました。先生は男子クラスの運営にいろいろな趣向を凝らしておられました。

1967年、父の転職の関係で、急に家族共に京都に引っ越しをすることになりました。私も中学2年生の終わりに転校することになりました。突然の転向を言い渡されて、友達との別れはつらいものがありました。私の担任の先生はわざわざ転校する私一人のために、全校集会を開いてくださいました。あとで思い返すと特別の対応であり、先生の強い意向であったのだろうと思えます。また同級生はもちろん、先輩後輩にもこの特別な送別会は強い印象を与えたようです（後輩の一人から後で教えてもらいました）。この先生とはつい最近まで連絡を取り続け、お目にかかる機会もたびたびありました。2012年正月に私たちが計画した長崎での還暦の同窓会にご参加いただけるとのことで、楽しみにしていたのですが、その直前に急逝されたと伺っています。お目にかかれなかったことを大変残念に思います。ご冥福をお祈りします。

美術は正直言ってあまり得意な科目ではありませんでした。でも美術の先生は、私の下手な絵画や彫刻をあれこれとコメントして、上手に褒めてくださいました。おかげでそれなりに美術は楽しんで学ぶことができましたし、それほど劣等感をもつことはありませんでした。ところが、京都の附属中学に転校した後の美術の先生は、あまり上手でもないけれど、懸命に制作した自分の作品に対して、酷なコメントをされました。成績表に〝彫刻は劣る〟とまで書かれていたことを知り、いささかショックでした。これ以来美術がすっかり嫌いになってしまいました。美術や技術家庭だけは、そのまま長崎の中学で卒業したかったとつくづく感じています。**中学生のようなデリケートな時期には、ちょっとしたことでも褒められると、その気になって力を入れやすくなるものです。逆にささいなことでも傷つくこともあります。芸術はそれぞれの個性があり、好みも評価の観点も人によって異なってくるでしょう。下手であっても懸命に制作した作品には、せめてその努力だけでも評価をしてほしいと思います。**これは芸術に限らず、生徒の優れている点を見つけて、大いに褒めてその能力をのばしてやることは、教育の基本のひとつではないかと思います。

　京都の附属中学で過ごした3年生の1年間はなかなか周囲となじめず、生活のリズムに慣れることに時間を要しました。高校入試を控えた1年間でもあり、皆が勉強に集中していた時期でもあったので、仕方なかったのかもしれません。でも生徒会の活動が盛んな中学校で、あたかも国会のような形式に準じたものでした。それにつられたこともあり、中学3年生とはいえ、気が付いたら風紀委員長として生徒会活動に参加していました。積極的に活動をしていると、それと共に次第に良い友人ができてきました。現在でも同窓会と称して、気の合った友人とよく宴会で会っています。

京都教育大学附属高校は新しい高校で、私はその第4期生として入学しました。学校の創設期でもあり、教師も学生も歴史をつくるべく意欲に燃えていたように思えます。さまざまな魅力ある授業が進み、私たちはその意欲で勉学をするとともに、魅力ある諸先生からよい感化を受けました。そのためもあってか、同級生の数名は、卒業後この高校の先生として教鞭をとっています。

英語担当の先生の授業は特に興味を持ちました。魅力ある講義であり、これまでになく英語が好きになり、放課後もよく教員室を訪問して雑談をしていました。先生からの勧めもあって、高校で行われた英語の弁論大会にも参加しました。弁論の内容は忘れてしまいましたが、自分の発表の抑揚や間のとり方が上手であるとほめられ、1、2年生の20人ほどの発表者の中で、1年生ながら第2位をいただきました。このような経緯が重なって、先生から米国へ留学してみないかと勧められました。紹介されたAFS（American Field Service）は米国を中心に世界中の学生が米国に行き、代わりに米国の学生が世界中に行くという交換留学制度です。文部省の中の文化庁が支援している由緒あるプログラムで、3次試験まで行われました。最後は東京の文化庁で小グループによる討論と個別面接がありました。幸い同じ附属高校で私を含めて4名も合格していたので、心強く臨みました。英会話ができることも大切ですが、なにより日本のことを紹介する姿勢と、積極的に発言してなんでも学んでやろうという意欲が問われていたように思います。いずれにせよ、この先生との出会いがなければ、私にとって一生の財産となったAFSの留学はありえなかったと思います。

3年生の担任となった先生にもお世話になりました。化学の実験実習には力を入れておられ、魅力的な内容でした。特に私の留学前には担任の先生としてご指導やご配慮をいただきました。卒業アルバム委員の顧問をしておられたこともあり、卒業時には在米でしたが、卒業アルバムに私たち4名のAFS留学生の写真を随所に掲載してくださいました。今でも大切にしているのは、このアルバムに留学組が皆と一緒に写っていることもあります。

京都教育大学附属高校では、いろいろな新しい取り組みがなされていました。高校生の時に印象的だったのは、２年生の修学旅行です。一学年全体で同じところに出向くのではなく、それぞれ勉強のテーマを作り、そのテーマ別の班を募り、最低10名あまりの希望者が集まると、班の構成を認めていただき、綿密な学習計画を立て、その地域に出かけて行きました。東北文学班、四国天文班、九州歴史班、信州体育班などがありました。天文地質学のクラブ活動などの好きな連中は、苦労して人集めをして、天体望遠鏡の最も効果的な南の地を選んだようです。他方、あまり勉強などのアイディアの浮かばない連中は、体力強化を目的として信州の登山を選んでいました（このグループの人数が最も多かったようです）。

私は周囲の友人らと相談し、東北歴史班を結成しました。そして主体的に会津若松や平泉などの歴史を事前に調べて、40名ほどのグループで出かけました。先生も二人付き添っていただきました。会津若松市を訪問した際には、町にある高校の生徒会長がわざわざ出迎えてくれました。ＮＨＫの大河ドラマに登場した新島八重のように活発でしっかりとした女性で、私自身すっかりほれこむくらいに魅力的な人でした。もちろん彼女の会話には、福島弁がかなり混じっていて、さらに印象を深めました（名前をメモするのを忘れてしまい、その後文通などの手段に出なかったのが心残りでした）。町には白虎隊の多くが自害したとされる、飯盛山があります。自分たちの城である若松城が焼けていると思い違いをして、自害をした場所でした。同じような年頃でもあっただけに、強烈な印象を受けたことを記憶しています。この修学旅行後は、それぞれの班ごとに発表会やレポート提出をしました。班ごとにこのような具体的な行動目的を持つ修学旅行は価値が高く、思い出深いものとなりました。数年後この魅力的な修学旅行の形態は、引率が大変であるとの理由で廃止されたことを聞いて、残念に思っています。

最も印象深かったのが国語の授業です。２年生の担任の先生には、留学の件でお世話になりましたし、苦手な古文もわかりやすくひも解いてくださいました。でも男性にとっては、情緒あふれる古文よりは、理論的な印象のある漢文の方がなじみやすいかもしれません。

このように小さい頃から、自分の人生観や進路を大きく左右される魅力ある先生方と

の出会いがありました。きっと読者の皆さんも同様の経験をされているのではないでしょうか。ぜひ自分自身の小さい頃を振り返ってみて下さい。特に先生からどのようなことを教えていただいたのか、考えてみてください。またそのような学校などの学習経験や学生生活が、その後自分の人生設計に如何に活かされているか、考えてみてください。

3　高校で学んだ漢詩より

理系人間である自分にとって、国語はあまり好きな科目ではありませんでした。でも漢文だけは楽しく学べました。先生の授業は漢文と生活（道徳）を兼ねた学習であり、漢文の授業が突然道徳に変化したり、また道徳から漢文の文書が出てきたりと、それはユニークな授業でした。漢文を通してその深い哲学や思考はもちろん、高校生としての心がけなど、多くのことを学びました。これに感化された生徒は多かったと思います。私もその一人です。漢文の授業で学んだ中で、今でも記憶に残っているものをここで皆さんにぜひ紹介させていただきましょう。

年年歳歳

年年歳歳花相似たり
歳歳年年人同じからず

これは高校1年の最初の授業で紹介された漢詩です。中国唐時代初期の劉希夷作で、「白頭を悲しむ翁に代わる」と題されています。

人生のはかなさを白髪の老人の嘆きとして語ったものです。昔は50年といい、今では80年にもなりましたが、年をとることに変わりはなく、短い人生の間で何をなすべきかを考えさせられます。春爛漫の花の季節を迎えると、自分が健康であり新しい春を迎えることができたことに感謝しつつ、ひとつ年を取ったことを感じる今日この頃です。**時間の流れを止めることはできません。限られた時間に精一杯生きることが大切であることを、現在の私の年になると痛感します。**

漢文の最初の授業は、この2行について一時間をかけて先生が解説しつつ、皆で考え、意見交換をしていくという印象的なものでした。学生参加型授業の重要性が指摘されていますが、私にとっては初めての漢文であり、印象的な学生参加型授業でした。

燕詩示劉叟(1)

梁上有雙燕
翩翩雄與雌
銜泥兩椽間
一巣生四兒
四兒日夜長
索食聲孜孜
青蟲不易捕
黄口無飽期
觜爪雖欲弊
心力不知疲
須臾千來往
猶恐巣中飢
辛勤三十日

燕の詩、劉叟《りゅうそう》に示《しめ》す

梁上《りょうじょう》に雙燕《そうえん》有《あ》り
翩翩《へんぺん》たり雄《ゆう》と雌《し》と。
泥《どろ》を兩椽《りょうてん》の間《あいだ》に銜《ふく》み
一巣《いっそう》に四兒《しじ》を生《う》む。
四兒《しじ》　日夜《にちや》に長《ちょう》じ
食を索《もと》めて聲孜孜《こえしし》たり。
青蟲《せいちゅう》　捕《とら》え易《やす》からず
黄口《こうこう》　飽期《ほうき》無し。
觜爪《しそう》　幣《やぶ》れんとすと雖《いえど》も
心力《しんりょく》　疲《つか》るるを知《しら》らず。
須臾《しゅゆ》に十《と》たび來往《らいおう》し
猶《な》お巣中《そうちゅう》の飢《うえ》を恐《おそ》る。
辛勤《しんきん》すること三十日《さんじゅうにち》

母瘦雛漸肥
喃喃教言語
一一刷毛衣
一旦羽翼成
引上庭樹枝
舉翅不迴顧
随風四散飛
雌雄空中鳴
聲盡呼不歸
却入空巢裏
啁啾終夜悲
燕燕爾勿悲
爾當返自思
思爾爲雛日

母《はは》瘦《や》せて雛《ひな》は漸《ようや》く肥《こ》えたり。
喃喃《なんなん》として言語《げんご》を教《おし》へ
一一《いちいち》　毛衣《もうい》を　刷《かいつくろ》う。
一旦《いったん》　羽翼《うよく》成《な》り
引《ひ》いて庭樹《ていじゅ》の枝《えだ》に上《あ》ぐ。
翅《つばさ》を舉《あ》げて迴顧《かいこ》せず
風《かぜ》に随《したが》って四《よも》に散飛《さんぴ》す。
雌雄《しゆう》　空中《くうちゅう》に鳴《な》き
聲《こえ》盡《つ》くるまで呼《よ》べども歸《かえ》らず。
却《かえ》って空巢《くうそう》の裏《うち》に入《い》り
啁啾《ちゅうしゅう》として終夜《しゅうや》悲《かな》しむ。
燕《つばめ》よ燕《つばめ》よ爾《なんじ》悲《かな》しむこと勿《なか》れ
爾《なんじ》　當《まさ》に返《かえ》って自《みずか》ら思《おも》うべし。
思《おも》え爾《なんじ》が雛《ひな》爲《た》りし日《ひ》

高飛背母時
當時父母念
今日爾應知

高《たか》く飛《と》んで母《はは》に背《そむ》きし時《とき》を。
當時《とうじ》　父母《ふぼ》の念《おもい》
今日《こんにち》　爾《なんじ》　應《まさ》に知《し》るべし。

【通釈】

梁《うつばり》の上に二羽の燕が住んでいて、雄と雌とで飛びまわっていた。泥をくわえて来て二本のたるきの間にいれ、巣をつくって四羽のひなを生んだ。四羽のひなは昼夜に生長し、食い物をほしがっていっしょうけんめいに啼《な》く。親燕にとっては青虫もなかなかとれず、しかもひなの口はもうたくさんという時がない。くちばしも爪もこわれそうになったが、気力だけはつかれを知らなかった。ちょっとのまに十回も往来したが、巣の中のひなが飢えやしないかと心配した。苦労すること三十日、母鳥は痩せたが、ひなはだんだん肥えた。くりかえしくりかえして言葉を教え、どれも羽や毛をととのえてやった。ある日のこと羽翼が一人前になったので、引っぱって庭の木の枝に上げてやった。ひなたちはつばさをふってふりむかず、風のまにまに四方に飛んで行った。親の二羽は空中で鳴き、声が出なくなるまで呼んだが、もう帰って来ない。しかたなくからっぽの巣に入り、一晩じゅう鳴き悲しんだ。しかし燕よおまえは悲しむな、それより自分で反省してみろ。おまえがひなだった時、高く飛んで行って母に背いた時を。当時のおまえの父母の気持ちを、今日はおまえわかったはずだ。

漢文の授業で教わった中で私が最も気に入った白居易（白楽天）の詩です。

親のツバメが自身の身を削って懸命に育てた子供のツバメがすくすくと成長していき、ある日子ツバメが空に舞って二度と戻ってこなくなってしまいました。悲しむ親ツバメに対して、悲しまないでください。あなたも同じ道を歩んで成長したのでしょう、と周囲が語るという話です。高校生として触れた時もちろん感動的でしたが、後日親を離れて独立し、子育てをするようになると、この詩の意味することがぐっと心に響いてきます。人間の親子の関係はもう少し相互理解があるとは思いますが、究極は人間も同じかもしれません。最後の６行は大好きなところです。

育ての親は、その子供が成長するまで必死な思いで、努力に努力を重ねて育て上げていきます。他方、子供はそれと知らず、独り立ちをすることばかりに気を取られていきます。自分が親となって子供を苦労して育てあげた後、その子供が巣立ってしまった悲しみを経験して、初めて親のありがたさを体感します。でもその時には親はすでにそばにいないか、すでに他界していることもあるでしょう。

私自身も独立することに執着して、親からの世話を気にかけず、心配をかけてきたことを思い起こすと、反省しきりです。ちょうど私の子供たちが結婚する頃には、私の両親は他界していました。元気なうちにもっと親に感謝すべきだったと思います。特に子育てで苦労された方や、現在も悩んでおられる方は、少しでも共感を覚えられるのではないでしょうか。また親に反感をもつ若い世代にも含めて、多くの方々にこの詩を読

(1)『中国名詩鑑賞5　白楽天』（田中克己著、小沢書店　1996年）に拠る。
ただし漢字、かなの表記は適宜改めた。

み、味わっていただきたいものです。親子の関係は付きつ離れつを繰り返しながら、なかなか切っても切れない温かみのあるものではないでしょうか。

大学での人材育成も同様のことが言えるのかもしれません。**自分は魅力ある先輩方から、度重なる貴重な指導を受け、研究者・教育者として育ってきました。気が付くと、先輩方にかなり近づくほど成長したように思えます。あるいは師匠を超えるまでに成長しているかもしれません。そのような時に、果たしてそのご恩に応えてきたのでしょうか。その時に先輩の目に私たちはどのように映ったでしょうか。**一方ではこれまで多くの後輩を指導育成してきました。これには自分のほとんどすべての能力を後輩に授け、心をこめて指導を尽くしてきたつもりです。現在私たちを超えるまでに成長し活躍する後輩たちには、我々先輩はどのように見えているのでしょうか。彼らも次の世代を教育指導する立場になって、師弟関係のありがたさを感じてくれるのでしょうか。**尊敬する先輩からあらゆることを吸収して、先輩を超えるほどの成果をあげることこそ教育の成果であり、人材育成の真髄があるように思えます。**

人間万事塞翁が馬

福は禍となり、禍は福となる。すなわち変化は深淵で、見極めることはできないことを示した言葉です。この故事成語もあまりにも有名でよく理解されている内容なので、ここではあえて解説しません。

家族や親しい仲間が研究や仕事など、さまざまな事情で失敗して落ち込んでいる時に、時折この言葉を使ってみます。長い目でみると、その失敗が思いがけず次の成功への懸け橋となったり、新しい研究のヒントが得られたりすることがあるものです。若い研究者はこの言葉の由来は知らなくても、実感してくれているようです。

近年ノーベル医学生理学賞を受賞された山中伸也先生の著書にも、この言葉が紹介されていました。**先駆的な研究を行っている人にとっては、実験で失敗した結果が出ても、それが次の思いがけない研究の発展につながることもあります。特にノーベル賞クラスの研究に従事される方は、得られた結果をすなおに受け止めて、予想外の結果についてはしっかり考察することで次の思いがけない研究の展開が期待できるのかもしれません。**同じく北海道大学での研究でノーベル物理学賞を取られた鈴木章北大名誉教授には、私たちの主宰する学会で講演していただきましたが、その折に、有名な鈴木カップリングを発見された際に、予想外の結果を大切にした結果だと語っておられたことが印象的でした。

朋あり遠方より来たる

この言葉については忘れられない思い出があるので、紹介します。

北海道大学に来て2、3年たった頃でしょうか、第二のふるさとである長崎時代の親友のM君が、私の部屋を訪問してくれました。30年あまりたった後の突然の再会でした。私の名前〝長良〟が独特なため、旧友ではないかと思い、一大決心して教授室に来てくれ、〝ひょっとして長崎にいた玉木長良君ネ？〟と話してくれたのです。思いがけない再会に二人とも感激し、中学校時代のことに話が弾みました。彼は当時北海道大学病院の呼吸器外科に所属していました。同じ北大医学部内に無二の親友ができたことは、その後数年間お互いの心の支えとなり、慰みともなりました。彼とは第四のふるさとの札幌で、何度も飲みに行く機会に恵まれました。また共に家族旅行をする機会もあり、当時小学生だった彼の長男が、温泉浴場で私の背中を洗ってくれたこともありました。

その後彼は東京にある有名大学の教授の栄転の話があり、応諾するべきかどうか思案していました。私は次のような哲学をもっており、周囲に語ってきています。すなわち**教員として一定の成果を挙げていて、もしどこかに教授になる機会があるなら、どこにでもいくべきです。そして自分自身の教室を持って、自分の考え方にそって教室を運営・発展させ、また存分に若手の指導に当たるべきでしょう。**私はこの考えを彼に力説して、親身になって後押しをしました。やはり**大学教員である以上、自分の業績を評価されて教授に選出されることは、大切なステップであると考えているからです。一つの教室を持つことができれば、自分の方針を貫いて存分に教育、研究や管理運営を実践することができます。**彼は私の指導が少しは役立ったのでしょうか、めでたくその大学の外科の主任教授に選出され、今日まで国内外で活躍しています。札幌で育った奥様には多少恨まれたかもしれません。でも彼ら一家にとって新天地での前途ある新しい人生の第一歩を、歩んでいったのではないでしょうか。M君は昔からのまじめな性格で、その後上手に教室を運営したようで、大学の中でも極めて評価の高い教室となっていると伺っています。他方、奥様も東京の生活に慣れたようです。また私の背中を洗ってくれたご長男も順調に成長を遂げ、その後希望していた大学の医学部に入学されたと伺っています。

彼が去った後、大学内はまた急に寂しくなりました。なんでも相談できる朋がいることのありがたさを再認識しています。第二の〝朋あり遠方より来る〟を期待したいものです。後でも述べますが、私の国内外に研究仲間が、遠方から京都や北海道に訪ねてきてくれることがしばしばあります。このような友人が遠方から訪ねてきてくれるのは、何よりうれしいものです。

五十にして天命を知る

孔子の『論語』の有名な文章の一部です。20歳から70歳までいろいろな記載がありますが、その中で私は、50歳の天命の部分が最も好きです。**人それぞれにとって人生の半ば過ぎである50歳頃になると、自分の天命を知るようになるのでしょう。最も仕事がで**

きる30～40代を経過した後に、人生として最も意義のある〝天命〟を悟るのでしょうか。

さて皆さんにとって、ご自身の天命は何になるだろうと予想されますか？　また年配の方には、ご自身の天命は何だったでしょうか？　じっくり自分自身に尋ねてみてください。

大学教員として在職の長い私にとって、天命とは〝人材育成〟に尽きるように思えます。大学人として世界水準の研究を推進することは当然であり、重要です。他方自分の研究成果がピークに達してきた頃、これらの研究を次の世代に引き継ぎ、若手研究者、教育者を育てていくことこそ、自分に与えられた使命のように思えます。この天命をかかえて50歳になった後、10年余り走り続けてきました。北海道大学はもちろんですが、学外でも核医学、分子イメージング、循環病態学などの専門領域を通して、多くの若手研究者、大学の教職員と接する機会がありました。またこの10年間は産学連携も推進して、学際的な融合研究を展開し、人材育成を進めてきました。さまざまな分野の方々と接することができ、それぞれの方が共感を覚え、自身の研究や教育能力の向上に尽くしてくれたようです。

余談ですが、孔子曰く、〃六十にして耳順う〃とあります。60歳の頃、学内の要職についていて、多少過剰に自分の主張を押し通してきたようにも思えます。自分に抑制のかかりにくくなる年齢なのかもしれません。だから**60歳を過ぎると、多少自重して周囲の意向に耳を傾け、それに従う心掛けが大切なのでしょう。孔子はそれを私達に諭しているのでしょうか。**現在は孔子の時代とは平均寿命がかなり異なっているとはいえ、やはり先人の言葉に学ぶことは多いようです。

4　太平洋の懸け橋とならん（その1）

札幌農学校（北海道大学の前身）の二期生として入学、卒業された新渡戸稲造先生が、その後東京帝国大学で入学試験の面接の折に語った〝われ太平洋の懸け橋とならん〟（I wish to be a bridge of Pacific Ocean.）は有名な言葉です。新渡戸先生は、米国Johns Hopkins大学に入学、さらにはドイツにも留学されました。その国際的活動が評価されて、国際連盟の事務局次長として活躍されました。私は新渡戸先生のこの言葉に強く共感を覚えます。

皆さんも高校生から大学生の頃に海外留学してみようと思ったことはないでしょうか。**海外旅行と異なり、海外で実生活をするようになると、異なる環境に慣れる大変さはありますが、そこでの生活を通して貴重な体験を数多くすることができます。またより広い視野に立って物事を考えることができます。何よりこれまで自分の置かれていた環境を振り返るよい機会となります。**

前述のとおり、私は高校の英語の先生の勧めに応じて、米国交換留学しました。米国交換留学制度のひとつ、AFS（American Field Service）に応募し、幸い合格して、高校3年生の1970年から1年間、米国の高校に留学したのです。留学前に富士山のふもとで合宿がありました。そこではこれから留学をしようという仲間100人余りが一堂に介して、留学生活はもちろん、将来の計画などについても意見交換できました。皆留学試験を通り抜けてきた人ばかりであり、その積極性、前向きな姿勢にはお互いに大いに刺激となりました。

私の留学先は米国のど真ん中、ミズーリ州カンザスシティ郊外にあるオークパーク高校でした。北海道をはるかに超える畑などの土地が延々と広がる広大な大地に囲まれた中規模の街で、内陸性気候のため、寒暖の差が大きい街でした。留学の受け入れに熱心な地域で、ボランティア活動で資金を募って、留学生を毎年数名確保していることを後で知りました。まずはアメリカの家庭に入り、家族の一員となり、高校生活を過ごしました。英語はもともと好きであっても、会話には苦労しました。でも生活を始めると全く日本語に触れる機会を失い、英語ばかりに囲まれていて、3カ月ほどすると英語でものを考えるようになり、急速に英語が上達します。逆に日本語を忘れるほどになります。その頃夢を英語で見るようになるので、この時期の到来はすぐにわかります。この時期になると、だいぶ英語にも生活にも打ち解けることができるようになりました。

英会話をどのように習得したのか、皆さん興味があるでしょう。日本の中学高校の英語は読み書きに重点をおいており、普通の勉強ではなかなか英会話は上達しません。ラジオなどの放送で勉強するのはよい方法かもしれません。ただよほど根気強く頑張らないと、長続きしないようです。他方、英会話教室で勉強すると、大切なお金をかけているだけに結構身につくことが多いのかもしれません。最も近道は外国人にお願いして、日常から英語で話し合うことではないか、と思います。下手な表現ではないかとか、文法を間違えていないか、などと考えるよりも、**ともかく当たって砕けろの精神で、なんでも話し込む姿勢が大切です。たいていの場合それで通じるものです。もちろん、必要に応じて専門用語や不明な用語などの学習は必要です。**

私も米国に行ってから生活に必須となった状態で、なんでも話して、徐々に上達していきました。私の参加した交換留学のプログラムでは、世界各国からアメリカに留学してきます。私の過ごした高校では、私の他、ニュージーランド、アルゼンチン、イタリアからの留学生がいました。ニュージーランドは母国語が英語なので、言葉のハンディはありません。アルゼンチンからの女性との間で、競争する形で英会話の上達を図りました。私の方がはるかに語句の知識があったのですが、彼女の方はラテン系女性の典型なのか、朝から晩まで話しまくります。単語の知識があまりなくても、多少恥をかくのも何のそので、周囲と本当に楽しそうに話をするのです。当然多少遠慮がちの私よりは、はるかに英会話は上達していきました。**ボディランゲージとはよく言ったもので、ともかくなんでも話してみよう、言葉で難しいなら、体全体を使って話そうとする前向きな姿勢が、会話の上達に欠かせないと思います。英会話を学ぶなら、ぜひ前向きになんでも話して、意見交換をしようとする姿勢で臨んでください。外国人でなくても、友人同士でもよいのです。英会話を続けることで、かなり上達できます。**

アメリカの高校では、大半の授業は選択できます。せっかくの機会なので、私は合唱団、スペイン語など、できるだけ楽しい授業を存分に選択しました。スペイン語は中南米からの移民の多いアメリカでは、かなり必要性の高い外国語です。フランス語やドイツ語と同様、一人称から三人称にかけて動詞が変化するややこしい言語です。でも私の習った授業では文法や単語の習得よりも、会話に力を入れていました。さっそく課外授業と称して、タコスレストランにいって、店員さんらとスペイン語で話すと共に、注文の仕方を学ぶといった授業もありました。底抜けに楽しめる授業でした。

さすがに私のこのような自由奔放な授業選択に、教育指導の先生は私の将来のことを憂慮されたようです。医系の進学の可能性があるなら、数学や生物を履修することを勧められて、これらの科目も受講しました。当時の米国の高校数学のレベルはかなり低く、私は難しい（?）とされた三角関数も完璧に理解していて、試験は単純でいつも満点をとり、いわば天才扱いをされました。また難解とされる数学を気軽に周囲の友人に教える学生として、皆に重宝されました。逆に必須であったアメリカ史では苦労しました。厚い教科書を貸与され、落第の恐怖にさいなまれつつ、必死で勉強しました。何といっても教科書の英語の読解に時間がかかりましたし、他の多くの米国学生と異なり、アメリカ史に深入りするのは初めてでした。無知なことも多く、試験のたびごとに苦労を重ね、かろうじて合格するのがやっとでした。幸い数学で私にお世話になった友人が、私にとって難解なアメリカ史の勉強を快く手助けしてくれました。

第二次大戦頃の歴史は日米の考え方がこれだけ違うのか、と愕然としました。正直日本の敗戦（米国の勝利）の箇所の勉強はつらいものがあります。特に原爆の使用を正当化し、戦争を早く終結して共産圏から日本を守るために有効だった、などの記述には抵抗を覚えました。周囲の友人に〝原爆をどう思うか〟と問いかけたことがあります。多くの友人は無差別破壊兵器であるとして、私の問題提起を理解してくれました。でも逆に〝それなら日本軍の真珠湾のだまし討ちはどうなんだ〟と言い返されて、言葉につまったこともありました。長崎に在住したこともあり、世界中の人には核兵器の悲惨さを見てほしいと思います。特に最近の核兵器は大型化していて、4発の核兵器で世界中が消滅するとも言われています。世界平和のためにも、核兵器の恐ろしさを世界中の人が知ってほしいものです。

２０１６年5月27日、米国のオバマ大統領が現役大統領として初めて広島の原爆記念碑を訪問されました。またそのお返しとして、その後安倍首相がハワイの真珠湾を訪問しています。両国間の親睦を深める、というだけでなく、戦争（とりわけ無差別破壊兵器）の残虐性を垣間見ていただいた点で、うれしいニュースです。いずれにせよ、**国や立場の異なる若者が、それぞれの立場で意見交換を通して、相互理解を深めることは大切です。現在国際的な種々の難問の一部は、このような若い世代の前向きな相互理解から、解決する糸口を見出すこともあるのではないか、と考えています。**

米国の中学、高校では日本以上に運動や文芸など、さまざまな活動に熱中できます。また大学進学の際にも、学業成績だけでなく、学校内の活動も高く評価され、プラスに働きます。私はもともと音楽好きでもあったので、選択授業では合唱のコースをとり、ブラスバンドにも入部して、存分に音楽を楽しめました。日本の高校では合唱部に入部していましたし、吹奏楽団では中学、高校とトロンボーンを吹いていました。米国では時間的余裕もあり、楽しくでき、周囲からの刺激も多く、トロンボーンはそれなりに上達しました。

またホームステイ先にあったピアノを利用して、練習を再開しました。ピアノは小学2年生から5年生までの3年間だけ習い、バイエルを終えて、ソナチネを少し習いはじめた初歩段階でやめてしまっていました（今考えると惜しいことをしましたが、当時はピアノを習っている男子の小学生はほとんどおらず、恥ずかしい思いが先に立ってしまい、長続きできませんでした)。たまたまホームステイしていたお宅のピアノに、好きな楽譜を見つけて、練習するようになりました。

このように音楽に開眼したのは、小さい頃からクラシックを聴くだけでなく、演奏することに興味を持っていたからでしょう。トロンボーン演奏は高校卒業後やめてしまいましたが、ピアノ弾きはその後も現在に至るまで、時折遊びで弾き続けています。何分基本が不十分でかなり下手なので、人前では決して演奏しません。家庭内では家内も子供たちもうんざりするくらい、私の下手な演奏を耳にしています。ただうれしいのは、これに触発されたのか、子供たち3人ともピアノを習い、保育園の卒園式では、それぞれに父親とピアノの連弾を披露することができました。それぞれに音楽性豊かに育ってくれたことは、収穫だったといえるでしょう。

高校生留学のように、若い時期に海外生活をすると、アメリカ大好きタイプと日本大好きタイプに分かれるようです。私は後者に属しています。日本は問題も多いけれど、安全安心して暮らすことができる、素晴らしい国です。経済格差はある程度あっても、人種や貧富による差はほとんどありません。この国に生まれ育ったことを誇りに感じています。これは日本を一度離れて環境の異なる米国で生活することで、日本の良さを再認識できたのだろうと思います。**日本のよさは日本を一度離れて見直すとよく理解できます。少なくとも若い時期に日本から離れて生活することで、これまでの日本での自分自身の生活を振り返る絶好の機会ともなります。これからの若い世代には、できるだけ若いうちに海外での生活を経験していただきたいと思います。それによって、これまで自分自身と自分の周囲の生活環境を振り返ってみてはどうでしょうか。**最近の日本の若者は自分の生活、自分自身の周囲、さらには自分の住む国に対する満足度が、海外の人たちに比べて極めて低いと耳にします。確かに多くの問題を抱えている日本ですが、何より礼儀正しく、親しみを持てる民族で、どこにいても安全に生活できる点でも、よい国といえるのではないでしょうか。少なくとも若い人々には、あらためて自分の生活のことを振り返り、前向きに取り組んでほしいものです。

1年間の高校留学の意義はいろいろとあり、今でも何を得たのか、と振り返ります。**留学の価値は、単に英語会話力が増したといった程度のものではありません。欧米人の**

ものの考え方、接し方がよく理解できるようになったのは収穫でした。米国人は会話や議論の中で自分の意見をまとめ、強く主張します。自己主張しないと、軽視されてしまうこともあります。だから会話や討論を重要視します。それが奥ゆかしさや控えめを重んじる日本人と大きく異なっているようです。どちらがよいかの議論は別にして、欧米にいれば、その哲学を重んじて大いに自分の意見は主張した方が良いでしょう。日本人もアメリカ人に自分の考え方、接し方を理解してもらえば、必ずその良さ、まじめさをよく理解してもらえるようになります。逆に日本にいる場合には、ある程度周囲の様子を伺って発言、行動をした方がよいかもしれません。しかし最近ではグローバル化も進んでいるので、昔ほど奥ゆかしさや慎しみは美徳とはなっていないかもしれません。

近年日本でも、ギャップイヤーを創設して海外留学を奨励しようとの動きがようやく出てきました。本来は大学や大学院入学前の1年間、あるいは就職前の1年間に、本来の勉学とは異なるボランティアなどの活動を通して経験を深め、海外留学して国際感覚を養おうとの意図があります。40年も前の私の高校生での留学は、当時はさほど意義は明確ではなく、むしろ大学受験には不利で、大学の勉学に役立ったわけでもありません。しかし国際感覚はそれなりに身につきましたし、異なる人種や考えの人に対しても、自己主張をしつつ相手を理解することは学んだように思います。

若い時期の海外留学について、高校生がよいか、大学生がよいかは意見の分かれるところでしょう。日本の受験対策が厳しいことを考慮すると、大学に入ってからの方が望ましいのかもしれません。他方、すでに多彩な経験のある高校生を特別に入学させようという大学も増えてくるでしょう。その点では高校生での留学は価値があるかもしれません。もうひとつ大学生で留学する際には、寄宿舎に入ることになるのに対して、高校生の留学では現地の家庭内に入ることがほとんどです。その点で高校生の間に留学して、海外の家族の一員として扱ってもらえるのは貴重な体験かもしれません。他方大学生で留学し、寄宿舎や学内で学生間の親しい付き合いができることも意義深いと思います（米国では多くの場合、独立した社会人として見なされ、大学の授業料や生活費も含め独立した生活をしています）。また専門分野の勉強を英語で受けることもでき、将来の専門の道を進むうえでも役立つ可能性もあります。

北海道大学では新渡戸カレッジ制度ができ、在学生に半年から1年間の欧米への留学を推奨しており、経済的な支援をするだけでなく、単位取得もできるようになっています。多くの学部で利用できるのですが、あいにく医学部の場合は取得するべき専門の単位が多いため、この制度は不向きなのが残念です（しいて強い希望があれば、夏休みの期間くらいの留学でしょうか）。今後ギャップイヤーの理解が深まると共に、**このような海外経験をもつ若者が大学進学、単位取得や就職などに苦労することなく、むしろ温かく迎えられて、その能力をいかんなく発揮し、最後は要職について日本の社会をリードし、海外との交流をさらに深めてくれるような社会であってほしいと願います。また若手にはそのような機会を活かして国際人として活躍してほしいものです。またこれが進むことで、わが国は本当の意味で国際化が果たせると考えます。**

100年以上もさかのぼりますが、太平洋の懸け橋とならん、として『武士道』を執筆された新渡戸稲造先生は、この英語本の出版を通して、日本精神をアメリカに示すことに貢献されました。新渡戸先生は宗教の影響の少ない日本人に哲学があるのかとの疑問に対して、この本の中で説明されています。そこに記された武士道の精神は、多くの欧米人が日本人の道徳心や哲学を理解し、日本人に対して敬意を持つようになることに役立ったようです。確かに**日本人には宗教的な哲学の影響は少ないものの、これまでの星霜を経て日本人は武士道に刻まれた世界に誇るべき道徳観、哲学観をもっています。世界中の多くの人に日本人の独特の考えを理解していただきたいものです。また現代の私たち日本人も、あらためて先人たちが刻んできた日本独特の精神を振り返ることが必要でしょう。さらにはこの考え方を後世に伝えていきたいものです。他方、このような日本の誇るべき伝統文化をこれまで海外に伝えてこられた先人たちに心から感謝を表したいと思います。**新渡戸先生は私が長年お世話になった北海道大学に在籍されたこともあり、親しみもあり、敬拝しています。北大キャンパスのポプラ並木の前に先生の銅像が配置されています。新渡戸先生の思いやりあふれるやさしいまなざしには魅了されます。ポプラ並木を散策される機会があれば、ぜひこの銅像にも立ち寄ってください。

5 大学で培うもの

幅広い学習をする

大学時代は、最も多彩なことを学べる機会があります。大学で作る友人は、これまでの小中高校の友人とは異なり、同じような目的をもって入学した同僚や先輩・後輩が多いので、全く新しい人間関係を作ることができます。高校生までは優秀（あるいは普通）だった人たちも、大学ではこれまでの成績とは比較的無関係で、同じような目的をもったもの同士が集まります。就職先などではある程度利害関係もあるかもしれませんが、多くの場合社会人になってもお互いに助け合い、支えあっていける生涯の友人となりうるものです。

米国の学生にとっては、入学はそれほど厳しくはない代わり、進学・卒業は難しく、かなり勉学に集中します。とりわけ米国の大学生は自活している学生がほとんどで、かつ奨学金をもらっている学生も多く、留年して奨学金が途切れることのないように、必死に勉強をしています。他方日本の大学は、入学は難しいものの、いったん入学した後の進学はさほど難しくなく、多くの学生は学費を親から支援され、クラブ活動やアルバイトを含め、自由奔放に生活しており、対照的です。日米の学生生活の優劣は、ここであえて議論するつもりはありません。でも**日本の大学生は、もし学費・生活費を支援してもらっているのであれば、そのことを心から感謝するべきでしょう。また学生時代に自由な時間が多いのであれば、その時間を自分の将来にとってプラスになるように、自分なりの生活設計を立てて、有意義に過ごしてもらいたいものです。**クラブ活動をして、自分自身はもちろん、チームメイトを尊重してチームワークを磨き上げるのもよいでしょう。また読書などを通して人生観を作り上げていく大切な時期でもあります。読書については、次の章で紹介します。

将来就職活動の折に、書類審査や面接試験などで、卒業論文のこと、ゼミでの勉強のことなど、勉学のことは当然尋ねられますが、それ以上に各個人が大学生活をどのように過ごしてきたかは、必ず問われます。**有意義な大学生活を過ごしてきたかどうかは、その後社会人としての素養ともなります。就職選考の際には評価の対象となりやすいで**

しょう。私も大学の教員として、大学入試はもちろん、保健学科の学生の就職活動を支援したり、直接私の周囲の職員の就職の際の面接をしたりすることもあります。そのたびに私は高校や大学在学中にどのような活動をし、どのような生活を過ごしてきたのか、また将来の人生設計をどう考えているか、などを重視しています。医学部や薬学部など、社会人として資格を取得する学部では、専門教育が中心となりますが、それ以前に**社会人としての教養と、人間関係を尊重する素養を身に着けることは重要だと考えています。そのための教養の期間は、どの学部でも大切に過ごしてもらいたいものです。もし医療系の学部であれば、医療人として何より生命の大切さへの理解が重要です。**

近年の文部科学省の方針で、大学の文系学部の整理縮小が要望されています。でも専門教育はもちろん、教養においても総合大学たるもの、文系を含む教養課程での学習は大切でしょう。特に社会系の政治学や語学も、役立つように思います。2年間きっちり教養を勉強したことは、少しは社会人として、また医療人としての人格形成に役立ったと思っています。

私自身、教養の2年間は、学生生活を謳歌しました。他方医学部での実習は、しっかり勉強しました。また当時の講義は出席もとられず、面白い授業には比較的真面目に出席していましたが、実験などの話をされる基礎系の授業は出席者も少なく、私もしっかり出席した記憶はありません。代わりに真面目な友人からノートを借りて、試験勉強をしたりしていました。ただ英語だけはしっかり勉強しようと思い、できるだけ英語の参考書で勉強したり、専門用語を記憶したりするように努めました。ただ生理学は高尚にもGanongという英語の本で試験勉強を試みました。でも量の多い教科書を読破するには要領が悪く、勉強の時間をかなり費やしたにも関わらず、試験に落第しました。その後は参考書を用いた余裕のある勉強と、試験のための要領の求められる勉強とは分けて取り組むように心がけました。幸いその後は落第することなく、卒業まで進むことができました。

教養では第二外国語の履修が必須でした。皆がドイツ語を履修する中、私はあえてフランス語を取りました。そして単に文章の読み書きだけでは満足せず、大学の近くにある日仏会館に通って、フランス語の会話も学びました。この勉強を通して文系の人々と仲良くなりました。ドイツ語圏では英語がよく通じるのに対して、フランス語圏ではフランス語が必須だろうと見越してのことでした。2年生の夏に小遣いをはたいて、1カ月欧州旅行をしました。このフランス語の学習が、フランスでのYMCAなどの安い宿に宿泊するのに役立ちました。またパリのシャンゼリゼ通りなどはもちろん、英語の通じにくい地方の観光地の散策をひときわ楽しむこともできました。

もうひとつ思いがけず役立ったのが、スペイン郊外を家族でレンタカードライブした時のことです。車がエンストしてしまい、立ち往生しました。言葉が全く通じなかったのですが、その村の学識者と言われる方が来られて、この方と英語で話せるかと思いきや、自分はフランス語ができると自慢して言うのです。二人で片言のフランス語で話し合った結果、ようやくエンストした車の修理に持ち込むことができました。この間オリーブ畑に残って車の修理を待ち焦がれていた家族も、私のフランス語の有効性を少しは理解してくれたようです。

今でも鮮明に記憶に残っている授業をここで紹介しておきましょう。教養の折に植物の講義を選択しました。植物学専門の先生が担当でした（残念ながらお名前は失念しました）。先生と皆で近くの大文字山を散策し、そこで目にするさまざまな植物を観察して、それぞれに先生が解説して下さるという課外授業がありました。先生の問いかける、〝この植物はどうしてここに育ち、花を咲かせているのでしょう〟という単純な質問を、山を登りつつ皆で考えていきました。必死にノートをとる学生もいましたが、多くは皆と共に山歩きを楽しんでいました。ただ引率指導して下さった先生は、定年間近のご高齢の方で、あまり体力のある方でなかったようです。大文字山を歩くほどに、次第に立ち止まって説明される頻度も増え、また声の調子も次第にうわずってきていました。学生にとっては軽い散歩程度でしたが、先生にとっては厳しい山登りだったのかもしれません。

3年生の解剖学の実習では、実習の最後に口頭試問なるものが行われていました。小グループに分かれて、先生が各自に人体の材料を使って、いろいろな質問をしていきます。一定時間以内に十分答えられた人は合格して退席できるのに対し、その時間内にあまり答えられない学生は保留となり、後日再試問を受けるという厳しいものでした。試問時間の終了が迫ってくると、各自はかなり焦ってしまい、知っていてもうまく答えられなくなることもあります。漫然とした勉強では不十分で、自信をもって試問に答えられるだけの十分な学習が必要でした。この口頭試問のやり方は極めて印象に残っています。

私もこの口頭試問を北大で利用したことがあります。追試でもうまく合格できない学生数名に対して、この口頭試問を追再試として行いました。もともと出来の良くない学生達で、彼らは追再試だしそれなりに答えれば通してくれるだろう、とやや甘く構えているようです。時間を決めて、その間にある程度試問に答えられた学生を合格として退席させ、残った2、3名の学生をその時間までに十分答えなかった場合に落第と宣言して、試問を終わります。落第と聞いて彼らは初めて、漫然と勉強したことを反省します。彼らは、次はしっかり答えるので、もう一度チャンスを下さい、と嘆願してきます。数時間（あるいは1、2日）勉強する時間を与えて、もう一度口頭試問をすると、今度は必死に質問に食らいついてきます。その涙ぐましい努力にこちらも脱帽して、ある程度の勉強の進捗を確認した上で、最終合格とします。このような厳しい過程を通して、**彼らには試験勉強は真剣勝負で臨むべきであることを教えたかったのです。今後も卒業まで、さらには社会人になっても、彼らには同様の試験を受ける機会があるでしょ**

う。**それぞれの場で、真剣勝負で勉強することの大切さを体得してもらえれば、と願っての対応です。**他方、このような追再試の口頭試問は、勉強する方はもちろんですが、試問する方も大変な作業となります。簡単にレポート提出で合格としたいのが本音です。でも成績の悪い学生を少しでも奮い立たせて、必死に勉強させることも大切ではないでしょうか。そのための配慮を教員もするべきではないか、と考えます。

もうひとつ印象に残った授業は、当時ノーベル賞受賞有力候補者と噂の高かった、生化学の先生の講義でした。講義をされていたのは当時よりすでに著名な先生でしたが、偉ぶる気配は全くなく、半年間で何度も私たち学生に講義をして下さいました。先生の講義は、前半はわかりやすく、最後は最先端の研究の話を含んでおられ、実に分かりやすく、かつ研究に対する興味をそそられるような内容でした。このような講義を聴いて、将来生化学の道を歩むようになった基礎医学研究者も多いと聞きます。将来自分の分野の研究者を育てたいとの思いもあって、魅力的な講義を精力的に実践しておられたのでしょう。大学の教育・研究者の鏡のような存在でした。

数年後先生は大病をされ、私が病棟で主治医になりました。先生は世界的に著名な研究者のため、海外での大切な講演などを数多く控えられたようで、治療のため（というよりも末期癌のため）それを断念していただきました。そのことが耐えられなかったのでしょうか。最後は病室内でかんしゃくをおこされて、主治医の私が駆け付けたこともありました。同じ大学で研究する研究者として、先生のお気持ちは手に取るようにわかります。その後病気の進行は速く、残念ながら病棟で亡くなられました。残された私たちに、〝自分の与えられたチャンスを最大限活かしなさい〟と教えていただいたような気がしています。

大学時代は、これまでの高校生の時と同様、あるいはそれ以上にクラスの交友関係は大切ですし、また将来お互いに助け合うこともあり、役立つはずです。大学には全国からさまざまな個性をもつ学友が集まってきています。彼らとの付き合いからいろいろなことを学ぶことができます。理科系の学部では、高学年になるとゼミのクラスに分かれて、少人数での勉強や実習が増えてくるでしょう。そこではグループ内の協力体制も大切です。医学部でも3年生の解剖実習あたりから、小グループに分かれて実習が進められます。小グループ実習を継続していると、まじめで意欲的なグループ、要領だけよく手抜きするグループと、それぞれに特徴が出てきます。幸い私の実習グループにはまじめな女子学生がいて、よく皆をリードしてくれたため、かなり勉強には意欲的に進んだグループではなかったかと思います。他方、一人ができなくて困っていると、皆で助け合っていたように記憶しています。よい仲間をもつことの大切さを実感できる機会となりました。

学園紛争の影響でしょうか、これまで先輩たちは卒業アルバムなるものを作成していませんでした。私たちの学年も5年生半ばに全く準備していないことに気が付きました。そこで5年生の後半に有志が集まって、卒業アルバムを作ろうということになり、慌てて最終の講義や実習などの写真を集めて回りました。総長や学部長、各教室のスタッフの写真などもそろえて、何とか卒業アルバムを作ることができました。入学時や教養時代の懐かしい写真は、それぞれが持ち寄った写真でそろえるしかありませんでした。ともかく一生の記念になる卒業アルバムを残すことができました。

クラブは医学部ヨット部に所属していました。運動部とはいっても医学部のクラブなので、本学のクラブほど厳しい活動ではありません。ただ毎年の西日本医学部体育大会（西医体）に出場しており、そこでは毎年上位を争っていました。体力強化にも力を注いでいましたが、隣のボート部の練習ほどには厳しくはありませんでした。悔し紛れに、〝ボートは体で進む、ヨットは風を呼び込んで走る、だから体と共に頭も使うんだ〟と周囲に語っていました。5年余りの間のクラブ活動を通して、ヨットを早く走らせてレースに勝つことを目指してきました。同時に風を読んで走る技術も学びました（これについては後で紹介します）。もちろん、先輩後輩の人間関係を構築するのにも役立ちました。

最近大学生の質の低下が懸念されています。確かに大学進学率も高まり、希望すればほぼ誰でも大学まで進学できるような時代になってきています。ただ医学部への入学は、相変わらず厳しいようです。でも授業や実習での対応を見ていると、20年前と比べて明らかに学力低下を感じます。学ぶべき量がかなり増加しており、これをこなしていくには、相当な時間と労力がいるようです。その結果でしょうか、要領だけよくなって、自分自身でじっくり考える力が低下しており、意欲低下を痛感することもしばしばあります。**周り道をしてもよいので、じっくりそれぞれの生物現象（社会現象でも同様**

です）などの原因、仕組み、それで得られる結果予想、それを修飾する可能性のある要因など、さまざまな角度から熟慮してほしいものです。そのような多彩な考案を進めることで、各々の現象の仕組みの理解が深まります。単に暗記だけでは、試験が終わった後にはすぐに忘れてしまいます。もともと大学での勉強は、それまでの中学高校の学習とは異なり、自ら課題を見つけて前向きに勉学する姿勢が大切です。

先述したように、アメリカの高校では（おそらく大学でも）、先生や仲間との意見交換を通して自主的に課題をとらえ、課題解決策を討論し、自ら思考する訓練を受けています。**日本の若手の学生や卒業生が、グローバルスタンダードとなり、国際人として勉学や社会生活を過ごすためには、社会人になる前段階として、このような前向きの思考過程に馴染み、自ら率先してほしいものです。他方、教員の方も学生に積極的に考えさせるような授業や実習を提供することも大切でしょう。さらには、そのような授業カリキュラムを積極的に取り入れられるような教育体制作りも大切ではないでしょうか。**現在、医学部の授業や実習のカリキュラムがかなり増大していて、このような授業体系を作ることは大変でしょう。**でも少なくとも大学1年目の教養課程において、これまでの**

一方的に与えられる授業から解放して、自ら思考して意見交換する積極的参加授業に馴染み、取り組む姿勢を作ってほしいものです。

他方、大学卒業前に企業に出向いて勉強をする、インターンシップが注目されています。企業で何が求められるかを知る、よい社会勉強になるでしょう。また将来就職する際にも、役立つことは間違いないでしょう。企業もそのような実習生を歓迎してくれることと思います。このインターンシップは、米国では幅広く実施されていると伺っていますが、日本の大学ではまだまだのようです。ちょうど卒論などにあたってしまうからでしょうか。確かに大学でテーマを決めて研究をまとめる、という大学本来の学習を遂行することは、大切でしょう。でも社会で求められている実学の習得も、卒業前には大切だと思います。単に将来就職する企業に表敬訪問する、あるいは仕事内容を偵察にいく、といった打算的な考えではありません。**社会人として、何が求められているのかを目の当たりにできるよいチャンスです。またそれぞれの企業が、未熟な学生も広く受け入れてくれるような教育体制ができているのかを知ることにも役立つはずです。**

医系の学部では、卒業前に臨床実習があります。その臨床実習の一部を関連病院で行ってもらおうとする、医系のインターンシップもあります。忙しい臨床病院で臨床のできない学生がいるのは、邪魔になることもあるのですが、外来入院、さらには救急外来などを見学することで、将来の自分自身の姿を予測することができるだけでなく、これから何を学習しないといけないのかを知るよい機会となるでしょう。

精神面のケアが大切

精神的に脆弱な学生が増えてきていることが指摘されています。気分がうつになりやすい学生は、以前より散見されていました。きっと気分が落ち込んで何もできなくなる経験は、誰しもあるでしょう。多くの場合には、友人たちとの付き合いや、簡単な気分転換で、克服できるものです。気分の落ち込みの解決策はそれぞれ持っているでしょう。

ただ気分の落ち込みが重度となり、社会的な適応ができない場合、あるいはそのような状態が長続きする場合には、問題となります。うつ病と診断されて、治療の対象になったりするケースが増えているようです。大学側もあれこれとその対策に追われています。保健管理センターの職員は、以前は怪我などを対象とした整形外科領域が主体でしたが、最近は精神的な管理を対象とした、精神・神経科領域のニーズが増大しています。種々の精神的なケアが試みられています。

私の専門外ではありますが、精神科の授業で印象的だった内容を、ここで紹介しておきましょう。精神的な活動には周期的な変化を示すことが多いようです。気分的に高揚する時期もあれば、落ち込んでしまう時期もあります。他方、行動力についても同様で、行動的な時期から、行動力が極端に落ち込む時期もあります。多くの場合、気分の落ち込みと行動力の落ち込みは同期して起こるものです。でもその周期がずれる場合、大きな問題を起こすことがあります。もし精神的に落ち込む一方で、行動力が高まっている場合には、その行動が自殺に陥る危険性をはらむからです。ある程度本人の自覚があるので、専門家による管理やケアがもちろん大切ですが、周囲の友人などによるケアが役立つことがあります。

精神的に落ち込んでいる場合の対応は、人それぞれに持っていることでしょう。音楽を聴いたり、映画を見たり、あるいは好きなスポーツをしたりなど、気分転換を図る方法はいろいろあるでしょう。友人をさそって飲みに行ったり、あるいは夜を徹して話し込んだり、慰め合えるような仲間がいるとありがたいものです。そのような人間関係は大切にしたいものです。

一人で自分自身を慰めるひとつの方法として、私がお勧めしたいのが、動物園に行ってみることです。特にサル山に行って動物を観察してください。サルの行動は人間によく似ています。食べ物を奪い合ったり、一緒に食べたり、一人で遊びまわったり、あるいはカップルが仲良く過ごしたり、また母親が子供の面倒を丁寧にみるほほえましいシーンに出合うこともあります。まさに人間社会のミニチュア版のようです。大分県の高崎山自然動物園に行くと、係員が親切に説明してくれて、山々に住む自然の無数のサルの集団の生活を垣間見ることができます。それぞれの集団にはボスがいます。ボスが全体のグループを仕切っています。ボスに嫌われたら、その集団を出て別の集団に入らないといけません。その場合、新米扱いされます。また人間（サル）関係では、しっぽがたっているかどうかで、先輩後輩の関係がわかります。さらにはこれらの上下関係から、エサを食べる順番も決まっているようです。メスの周囲で求愛をしているオスも多いのですが、たいていの場合メスから無視されているようです。私が高崎山自然動物園にいたのは、わずか1時間あまりですが、1時間ごとにエサの時間があり、無数のサルが山から下りてきて、エサをルールに従って分け合い、食事の時間を楽しんでいます。柵はないので、人間の周囲でエサをとったり、遊んだりする姿を見られます。もちろん高崎山まで行かなくても、普通の動物園で十分です。**それぞれのサルが、一生懸命に生きている様子を観察して下さい。もちろんサルに限らず、他の動物もそれぞれ気ままに、でも一生懸命に生きています。動物園で彼らの生活ぶりを陰から見て、きっと励まされ、これからの生活に向けた元気もわいてくるのではないでしょうか。**

アルバイトも貴重な経験のひとつ

学生時代のアルバイトの経験も大切です。もちろん生活費獲得のために重要ですし、社会勉強にもなります。学力のある人は、家庭教師や塾でのアルバイトは効率的に収入が得られます。他方、体力のある人は力仕事もよいかもしれません。友人を作るには、ファーストフード店でのバイトも面白い経験ができるでしょう（ただし収入はあまりよくはありません）。特に**アルバイトを通して、社会人としての経験、収入を得ることの意味、そして社会には種々の人達がいて、いろいろな人々と交流することの意義を体感してほしいと思います。**ただしあくまでアルバイトはアルバイトで、決してこれを本業にしてはいけません。**学生の本分は勉学にあること、社会人となるための基礎知識と素養を学ぶことが基本です。アルバイトで得た収入が、学生生活をより快適にするための補助手段であることを心によくとどめておいてください。**

私も学生時代、いろいろなアルバイトをしました。家庭教師が主な小遣いの源でした。大学入試を控えている生徒の指導には、自分が受験するつもりになって、二人三脚で必死に勉強・指導しました。幸い受験生は皆最後まで頑張ってくれ、目標の大学に合格し、感謝されました。また日本食のお店の、長男坊の家庭教師をしたこともあります。あまりできの良い高校生ではなく、指導には苦労しました。結局進学には向いていないと本人は判断したようで、その店の跡継ぎになる、との決心をしました。残念でしたが、そのお店のおいしい料理をごちそうになったことが、忘れがたい苦い記憶として残っています。

家庭教師のアルバイトを通して、教えることの難しさを体感しました。**教えるためにはさらに自分自身の勉強が必要です。また自分で学んだことを、相手にわかりやすく教え授けることが、いかに難しい（でも重要な）作業であるかを体得することができました。その後大学教員として働く自分自身にとっても価値ある経験になっています。**

他方、社会経験のため、ファーストフード店でアルバイトもしました。特に当時バイクに乗っていたこともあり、夜遅くまで空いた時間を自由に勤務できることを感謝されました。このようなお店では高校生や大学生、社会人も含めていろいろな人々がパートとして働いています。本当にお金に困っている人もいますし、男女の付き合いを求めて来ているような若手もいます。ご主人に内緒で（へそくりのために？）バイトする奥様もいます。また手に職をつけて、そこの正職員になる人もいます。他方、学生時間の大半をこのアルバイトに費やしていて、ほとんど大学に通っていない学生も散見しました。それとなく進学や卒業そして就職などについて相談に乗ったこともありました。確かに仕送りが少ないから必要だと言われると、どうしようもありません。でも人によっては高級な車を買いたい、あるいは次の馬券で当たれば大丈夫などという友人もいて、あきれながらも話相手になり、それとなく諭す努力はしました。これらいろいろな人々との交流は、心の底から楽しんだだけでなく、よい社会勉強にもなりました。ちなみにここでのアルバイトの収入を、友人たちとの飲食など交際費でほとんど使い込んでいました。これも社会勉強の授業料でしょう。

ボランティア活動について

学生時代に種々のボランティア活動をする人もあると聞いています。これも大いに推奨したいものの一つです。米国の大学進学の際に、高校生時代のボランティア活動の有無や内容が話題となると伺ったことがあります。確かにキリスト教精神の強い米国ならではの考え方かもしれません。日本の大学入試の面接試験の際に、ボランティア活動について尋ねてみたことがあります。あいにく受験勉強の厳しい日本の多くの高校にあっては、ボランティアに費やす時間をとることが難しいようです。高校によってはボランティア活動を学校ぐるみで推奨しているところもあるようで、うれしくなります。でもボランティアはあくまで個人個人の考え方であって、集団で強制するものではないと思います。他方、学校ぐるみで実施することで、そのボランティア精神が個人個人に植えられるなら、うれしいことです。

大学生の場合には、ボランティア活動はまったく個人の自由です。ボランティアをするチャンスはいくらでもあります。それが困っている人々を助け、社会の貢献になるなら、喜ばしいことです。また活動に取り組む人々がそれぞれに満足できるでしょう。**社会的に困っている人々に、どのような形で手を差し伸べることができるか、真剣に考えてみてください。小さな活動でよいのです。大学生の場合には時間も余裕もあるでしょうから、少しずつこのようなボランティア活動に参加してみてはどうでしょうか。**

１９９５年に阪神淡路大震災がありました。その折に多くのボランティアが活躍され、被災された方々には大いに役立ったと伺っています。さらに２０１１年に東日本大震災がありました。その折にも日本中から多くのボランティアが駆けつけ、被災された方々を助けたそうです。とりわけ、阪神淡路大震災で被害にあわれた方々が、次は自分たちが助ける番だとして参加されたと伺い、うれしくなりました。

私自身も東日本大震災後の放射線汚染に関して、専門家の立場で現場を訪問する機会がありました。ちょうど自衛隊の方々が駐屯している近くにいました。自衛隊が空気中の放射線の線量や、作業中の個人の被ばく線量をしっかり測定しつつ、安心して作業をしているのを見て安堵しました。私たちは福島医科大学の中にいて、衣食住のお世話になりましたが、自衛隊の皆さんはキャンプをはり、自炊をして、かつトイレも仮設のものを使っていて、自給自足の活動に慣れておられることに感心しました。もちろん彼らの移動は大型トラックです。これならどの災害地でも作業できるでしょう。

たまたま福島市内でタクシーに乗り、運転手さんにお話を伺いました。長崎大学から来られた先生から放射線のお話を聴いて、福島市内の方々は安心して生活ができます、先生には心から感謝しています、としみじみと語っておられました。その先生は放射線被ばく、放射線障害の専門家で、福島の放射線事故直後から長崎大学の要職を辞して福島に来られて、長期間単身で滞在され、放射線汚染や被ばくの影響などを調査されていました。特に汚染事故後、長い間福島に滞在されて、放射線の汚染量が一定以内なら、過剰な反応をしないで安心して生活できることを、上手に指導しておられました。先生のご尽力に、私自身も心から敬意を示したいと思います。

私たちの福島滞在期間はわずかでした。もちろんその折に、自分自身や周囲の人の放射線被ばく線量を注意深く見ました。もちろん、他の地域に比べると高い値ですが、人体に影響を及ぼす量よりはるかに少ないことが確認できました。この程度なら大人だけでなく、小さな子供でも安心して生活できることもわかりました。私自身も、これから活動に出るという札幌の消防隊員の方々の不安を少しでも緩和できるように、出発前に放射線の体への影響について講義しに行ったことがあります。大学の学生講義と異なり、開始と終了の折に挨拶がきっちりしていて、気持ちよい講義になりました。また、出かけられた消防隊員皆が安心して作業できたと伺っています。

この福島の地でも多くのボランティア活動の方々を見ました。皆それぞれに目的をもって復興活動をしておられる姿をみて、日本は本当に良い国だとつくづく思いました。

読書を楽しむ

大学生の時は読書にいそしむ絶好の機会です。先人たちがどのような人生を過ごしてきたのか、どのような思想をもっていたのかなど、書籍を通してぜひ知ってほしいものです。また**自分にピッタリした小説や小説家を探して、大いに読書にいそしんで下さい。読書の楽しさがわかれば、この習慣は社会人になっても続くものです。昔からある出版物の価値は変わっていません。いろいろな本を大いに読み、友人らと人生や将来についてて考え、さらには日本や世界情勢にも興味を持てるような素養を身につけてほしいものです。**なにも難しい本を読破しようと構える必要はありません。自分にあった興味をそそる本から始めていけばよいのです。このような読書の姿勢が、自分自身の知識、教養となることはもちろん、将来社会人としてのキャリアアップにもつながるでしょう。

私は大学入試の面接の際に、読書について読んだ本とその感想を尋ねるようにしています。受験生もその点はよく心得ているようです。（おそらく予備校などで教えられているのでしょう。）得意げに読書のことを語ってくれます。でも3冊目、4冊目の本を尋ねると、実際に読んでいるかどうか、すぐにわかります（でも私のようなしつこい教員が増えると、予備校もそれなりの対策をするでしょうが）。入学試験だけでなく、就職などの面接などの場では、特に興味をもった本についてだけでなく、学生時代に興味をもったこと、取り組んできたこと、将来の抱負などを尋ねるようにしています。読書のことを伺うことで、その人物の趣向や考え方を垣間見ることができるからです。そして学生時代での経験や思考についてさまざまな角度から伺って、総合的な学生評価に利用しています。おそらく多くの試験官が私と同様の考え方をもち、面接で重要視されていることでしょう。**大学生活での積極的な読書欲や意欲的な取り組みが、将来の就職や人生設計にプラスに働くと予想されます。**

私の大学時代は、周囲の友人が哲学書に挑戦していることに刺激されました。デカルトを読んでいた先輩から教えられましたが、デカルトは理性を重視し、合理的な人生設計をして、その上で理想とする社会や行き方を解明していく思想をもっていたそうです。自ら進んで理想社会を作っていこうとする積極的思想と言えるかもしれません。学生生活もまずは生活の基本を築いて、その上で充実した生活を作っていくことが大切でしょう。私も刺激されてベルグソン著の哲学書に挑戦したことがあります。ノーベル賞を受賞したメジャーな哲学者で、空間化された時間の刻みについての著書があります。読んでみましたが、内容はさっぱりわからず、今ではほとんど記憶に残っていません。ただ読んで人生をじっくり考えてみた、ということだけは記憶に残っており、少しは自己満足にひたることができました。そこに書かれているような人生論、哲学論を友人たちと夜遅くまで議論したこともあります。大学時代の良き思い出でのひとつです。

私はもともと歴史が好きで、司馬遼太郎、井上靖、遠藤周作などの歴史小説はたいてい読破しました。司馬遼太郎のファンは全国に数多くおられるようです。司馬遼太郎は、日本の近代化に独自の思想を持って貢献された歴史上の人物を見事に描出しています。いわば歴史上に大きく寄与した人物に焦点をしぼって、その歴史的成果をあげるに至った主人公の人物像を見事にまとめた歴史小説です。男性を中心に現代でも絶大なファンが数多くいることと思います。また司馬遼太郎は日本中を回って『街道をゆく』

を執筆しておられます。もちろんご自身の書かれた歴史小説に関係のある人物や地域が中心となります。でもほとんどすべての地域の歴史を網羅しておられるのは感心します。皆さん方には、ぜひ歴史小説にふれていただきたいものです。また自分の出身地の〝街道〟の本はぜひ読んでみて、その地方の歴史を紐解くことをお勧めします。私も自分のふるさとでもある長崎、京都、そして北海道の〝街道〟ものは特に親しみをもって何度も目を通しています。長崎や京都は歴史深い土地であることはよく知られていて、本に書かれている史実と現在の土地との関係を思い描くのは楽しいものです。また北海道は日本の民族の歴史を語る上で、貴重な史実が数多く残されている場所であることを知りました。あらためて『街道をゆく』の古くて新しい価値を感じ入っています。司馬遼太郎の歴史小説の中で、しばしば彼自身の哲学や地域の特色あるドラマが合間に描かれているのも楽しいものです。

司馬遼太郎の作品の中では、特に『坂の上の雲』が大好きです。数年前にテレビドラマ化されて放映されたこともあり、本を読まれた方も数多くおられると思います。司馬遼太郎は、この小説で明治の人々の希望と尊さと強い意志を示したかったのでしょう。

確かにこの小説には明治時代の希望あふれる力強い人々が登場していて、面白く読めます。テレビドラマでは、阿部寛と本木雅弘の演じる秋山好古、真之兄弟の生き方はすがすがしものでした。この小説でもこの二人の活躍は目覚ましいものです。記憶に残っているところのひとつに、二百三高地での激戦があります。乃木大将率いる日本軍が何度も同じ作戦をとっては失敗し、何千何万の死傷者の山を作っては、まだ懲りないで同じ作戦を繰り返していました。最後は児玉将軍がある一時だけ、乃木大将の代理で指揮をとり、大砲の位置を変えて不滅とされた二百三高地をわずか一日で陥れました。占領した二百三高地から海軍の強い要望にそって旅順港に停泊するロシア艦隊を撃破したのです。これがその後日露戦争の大勝利につながるのです。児玉将軍はこの戦果を決して自分の手柄にせず、乃木将軍を立てるように配慮していました。司馬遼太郎が日本海海戦での実践を自分でシミュレーションしているのは見事だと思いました。

この本を読んだ後、たまたま中国の大連で開催された学会に参加する機会があり、その折に大連から二百三高地を訪問しました。そこには記念碑が建っていて、その記念碑から旅順港を見渡すことができました。日露戦争ではこの高地を占領するため、数多くの日本人兵士が何度も怒涛のように攻め上り、そのたびに信じられないほどの多数の命が絶たれことを思い起こすと、涙が止まりませんでした。毎年多くの年配の日本人がこの場を訪問されるということでしたが、その気持ちがわかるような気がします。訪問した時はちょうど夏で、静かで戦争の跡は感じられません。松尾芭蕉の『奥の細道』に書かれた〝夏草や兵《つわもの》どもが夢の跡〟の句を思い出しました。

司馬遼太郎は歴史上の人物の好き嫌いがはっきりしています。乃木将軍は後者に当たるのでしょうが、その後司馬遼太郎は別の小説で、乃木大将が明治天皇のご逝去と共に生命を絶たれたことを紹介しています。さらにはこの日露戦争の勝利が、その後陸軍の強い政治力を背景に、無謀な太平洋戦争へ突き進むようにつながっていったことの無念さも語っています。司馬遼太郎は生前、この小説が戦争賛美とも受け取られるので、この作品の映画化を反対されていたそうです。皆さんはこの小説を読まれ、あるいは映画を見られてどのような印象をもたれるでしょうか？

『坂の上の雲』にゆかりのある愛媛には友人も多く、愛媛大学との交流もさせていただいている関係で、松山を何度か訪問する機会がありました。松山はドラマの主人公の秋山好古・真之兄弟のふるさとです。この小説の主人公のひとり正岡子規の記念館もあり、家内や教室員らと共にゆっくり見せてもらいました。また愛媛市内に坂の上の雲ミュージアムもできています。私はここを訪問するたびに、毎回小説を思い起こしながら楽しく過ごしています。

遠藤周作は長崎を舞台とした小説を多数執筆しています。彼の代表作『沈黙』はぜひ読んでいただきたい小説のひとつです。この作品は作者が17世紀の日本の史実に基づいて創作した歴史小説で、キリシタン弾圧の渦中にあるポルトガル人司祭を通して、神と信仰の意義をテーマとしています。キリシタン弾圧の中で、強い人はマリア様を信じて殉教されました。他方弱いキリシタンの方々もおられ、当時の長崎奉行所の役人からマリア様の像の描かれた踏絵を、仕方なく踏んで殉教を逃れはするものの、やはりマリア様を信奉し続けていくのです。ポルトガル人司祭が語りかける「弱いものが強いものよりも苦しまなかったと、誰が言えるのか?」という遠藤周作自身のメッセージは心に響きます。最近この作品が、マーティン・スコセッシ監督により『沈黙—サイレンス—』として映画化されました。一番に見たかった映画のひとつです。踏み絵を踏む〝転び〟

の行為と破教とは、いかに異なるのか、がテーマのひとつでしょう。遠藤周作の主張を感じることのできるよい映画です。

長崎駅の向いの丘にある26聖人の像には、キリシタンの弾圧により殉教した26人の聖人が祭られています。そのうち二人は子供です。その近くに資料館があり、踏絵や弾圧に使われた種々の道具も陳列されています。また江戸末期に建築された、日本最古のキリスト教建造物とされる大浦天主堂とその隣の資料館にも、踏絵などの資料が展示されています。この踏絵を見ながら、弱いけれど誠実なキリシタンたちが心を痛めつつこの踏絵を踏んだのかと思うと、いたたまれない気持ちになります。おそらく遠藤周作は何度も長崎を訪問し、このような資料を参考にしながら、小説を書いていったのでしょう。大浦天主堂の入り口に小さなマリア像があります。やさしいまなざしのマリア像ですが、このマリア様があわれな主人公のために涙を流すという場面が、遠藤周作の『女の一生〈一部〉キクの場合』の中に出てきます。小説の説明は割愛しますが、興味のある方はぜひ読んでいただきたいものです。二つの小説共に長崎弁も上手に記載されていて、多感な少年時代を長崎で過ごした私にとっては、特に親しみが深いものです。

長崎といえば、同郷出身のさだまさしさんの大ファンです。シンガーソングライターとしての彼の歌に、多くの方々が魅了されています。私は大学生の時に、彼のもの悲しいメロディーとナイーブな歌詞に、心動かされました。

彼のシンガーソングライターとしての活躍と同様に、彼の小説も楽しみました。その小説にはふんだんに長崎弁が出てきます。最近映画化された『風に立つライオン』は、ずいぶん以前に制作された曲をヒントに、映画のために小説化されたようです。さださんは長崎大学医学部におられた外科医の柴田先生と知りあって、それをヒントにして作曲されたそうです。柴田先生は『アフリカの父』という本を読み、シュヴァイツァーにあこがれて、医師になりました。卒業後外科医として2年間、アフリカのケニアで実際に外科手術をされたそうです。この作曲の後に小説化され、映画化されました。小説では東北地方の津波被害後からストーリーが始まります。長崎大学からアフリカのケニアに出向いて、医療を実践する医師が主人公です。また私も訪ねたことのある長崎の五島列島の、海に囲まれたのどかな風景も、印象深いものでした。映画では俳優の大沢たかおさんが活躍されていて、彼のために書かれた小説のストーリーではないか、とも思います。さださんはこの『風に立つライオン』を通して、多くの日本の若者が未開発地域に医療を提供するJICAの活動への支援を呼び掛けておられます。同時にこの小説では、医療に自分の人生をささげようとする人々へ、バトンを渡すことも大切なテーマです。医療人を育てるという観点では、私は立場が全く異なるものの、強い共感を覚えます。

この小説のあとがきに私の親しい仕事仲間の名前を見つけました。彼に嘆願した結果、実際にさだまさしさんの事務所と連絡をとることができました。まずは面談のため、さださんのコンサートを聴きにいきました。魅力あるメロディーと歌詞を実に美しい声で歌います。なにより歌の合間のトークが底抜けに愉快で、和やかな気分になります。聴衆はほとんどが中年男女で、立って騒がず座ってじっくり聴き入っていました。このコンサートの直前に楽屋裏で、憧れのさだまさしさんにお目にかかれました。その折に、長崎の小学校時代の話で盛り上がりました。また色紙も書いていただきました。この時に、私が主催する日本医学放射線学会総会の会長招宴に出場をお願いし、快諾いただきました。私が企画した総会の会長招宴では、宴会直前の短い時間でしたが、素敵な演奏と独特のトークを披露していただき、参加者の皆さんに楽しんでいただきました。一生忘れられない、すばらしい思い出となりました。

小説を読む場合、すでに映画化されているものもあり、そのような小説はベストセラーとして、書店の店頭を飾っています。映画を見てから小説を読む人も多く、気軽に読書する方法かもしれません。映画を見た後に小説を読むと、映画のシーンの印象が強く影響します。できればたくましい想像力を活かして、小説を読んで自分なりの情景を創造する方が楽しいでしょう。その上でドラマ化されたものを見て、自分の創造と実際の映画とがどのように一致しているか、あるいは相違しているかを見るのも新しい楽しみ方かもしれません。ここで紹介した歴史小説『坂の上の雲』を読んだ折には、いろいろな場面を想像できました。テレビ放映を見た後は、阿部寛さんや本木雅弘さんなど、出演した俳優の強烈な印象を受けています。映画を見た後に小説を読み直した際には、頭で描いていた情景がすっかり変わってしまっていたように思います。他方、別の意味で新しい興味を注がれることも多かったです。読本―映画鑑賞―再読本の順番も、小説を二倍楽しむ方法かもしれません。

旅は視野を広くする

旅行の好きな学生さんも多いのではないでしょうか。大学受験も終わって、忙しい社会人になる前の**学生時代こそ、自分の自由な時間が豊富に持てます。この時期に日本各地の風光明媚な箇所を自由に回るのはよいものです。全国各地に隠れた名所旧跡があるものです。これらを存分に堪能してください**。もちろん歴史的名所だけでなく、自然の雄大な風景を堪能したり、ショッピングや温泉などを楽しむこともできます。山歩きもよいでしょう。気の合った友人と回るのもよいし、一人で気ままな旅をするのもよいでしょう。各地域はどこも観光誘致に力を入れていて、それぞれ特徴ある歴史的施設や自然施設をはじめ、新しい観光スポットを作って、観光に力を入れています。それぞれの地域を訪問すると、存分に楽しめます。他方、旅行から帰ってから住み慣れた故郷の良さを再認識することもあります。

私の四つのふるさと、岐阜、長崎、京都、札幌はそれぞれに魅力的な観光スポットです。人気のベスト10に入る長崎、京都、札幌の魅力については、ここで説明するまでもないでしょう。また岐阜は長良川、金華山（岐阜城のある山）も魅力的です。歴史の好きな方には、この街が斎藤道三によって作られ、その娘婿の織田信長によって岐阜と命名され、大きな街に発展したことがわかります（司馬遼太郎の小説『国盗り物語』に詳しく記載されています）。特に長良川の鵜飼いは、歴史のある魅力的風物詩であり、ぜひ一度は楽しんでいただきたいものです。芭蕉の〝おもしろうてやがて悲しき鵜舟かな〟の俳句通りの風情があります。また北に足を延ばすと下呂温泉、さらには高山祭で有名な高山や合掌造りで名高い白川郷もあります。岐阜をひとつの例にあげましたが、各地域でそれぞれに風光明媚な箇所があり、訪問すると楽しめます。学生の間にあちこち散策してもらいたいものです。もちろん海外旅行もよいかもしれませんが、費用の点、そして安全性の点で、国内からはじめるのが妥当ではないかと思います。

旅行に出て、そこに滞在してみると、もちろんその地域の新鮮さも理解できるでしょうが、逆に自分の住む地域の良さもよくわかるでしょう。旅行ですらそうですが、**ふるさとを離れて生活すると、住み慣れた故郷の良さが身にしみてわかります。**私にとって四つのふるさとの中で岐阜、長崎、京都はそれぞれに思い出深いものです。そこで生活をしている時には、不満や要望が前面に出ることもありますが、いったんそこから離れると、魅力ある面ばかりが脳裏に残ります。現在20年あまり住み慣れている札幌も、近いうちに引き上げることを考慮すると、きっと忘れがたい4番目のふるさとになるのでしょう。「故郷は遠きにありて思ふもの」とはよく言ったものです。**自分の住み慣れた故郷の魅力を、離れた土地から実感してみてください。**

私も旅行が好きで、遠征旅行、家族旅行の合間に、時間を見つけては歴史施設を訪ねて回るようにしてきました。前述のように、司馬遼太郎などの歴史小説や『街道をゆく』などのエッセイを楽しんだだけに、学生時代にはいろいろな場所を散策しました。また大学教員になって仕事で各地を回るようになっても、用務の合間になんとか散策の時間を捻出して、短い観光を楽しんでいます。

北海道に移ってからは、すっかり温泉好きになりました。北海道内の温泉はもちろん魅力的ですが、出張先の近くに隠れた温泉がある場合には、それを楽しむことも趣味にしています。記憶に新しいところでは、秋田の出張から足を延ばした乳頭温泉、山形からレンタカーで回った銀山温泉、おなじく仙台から遠くレンタカーで訪問した山形あつみ温泉などがあげられます。北海道の温泉にはよく行きます。やはり温泉は、住み慣れた長崎や京都に比べて北日本の方が勝っているかもしれません。

私自身の仕事の関係で、この30年ほどの間に講演で国内をあちこち回る機会が数多くありました。気が付いたら、47都道府県すべてで講演したことになります。出張ですので、観光スポットに回れないこともしばしばでしたが、それぞれに風光明媚な魅力的な地域ばかりです。**47の都道府県の中には決して優劣はなく、それぞれに魅力満載です。地域別の有名な観光スポットはもちろん、隠れた観光スポットや、四季折々の催しものなどは、インターネットなどで簡単に検索もできます。学生諸君だけでなく、勤務しておられる方も、個人旅行はもちろん、出張の合間にでも、ぜひ各地域の魅力を楽しんでいただきたいものです。**

他方、海外旅行もぜひお勧めします。でも前述したように、**どうせ海外に行くなら、数週間程度の滞在型の旅行をお勧めします。その方が海外生活を通して、生活習慣や文化の違いをしっかりと認識できます。そしてその海外旅行を通して、きっと日本の国、**

日本の生活の良さを再認識できるでしょう。多くの学生を見ていると、4年（あるいは6年）を修了した卒業旅行に、海外に行くことが多いかもしれません。または新婚旅行で初めて海外旅行というのもよいかもしれません。でもできれば結婚する前に一度くらいは海外に旅してみてはどうでしょう。自分の英語（あるいは第二外国語）がどの程度通じるか、試すよい機会かもしれません。どうしても外国語がだめなら、日本語がよく通じる地域もあります。

海外旅行を頻繁にされる方に、ひとつアドバイスをしておきます。できれば関連航空会社をひとつに決めて、マイルやポイントをためる努力をしてみてください。ＪＡＬだとワンワールド、ＡＮＡだとスターアライアンスになります。それぞれ一定のポイントに達すると、グローバルクラブやスーパーフライヤーズクラブに入れます。これらは終身会員制なので、一度獲得すると、その後生涯にわたり特典を利用できます。空港のラウンジを利用でき、搭乗も早くさせてもらえます。また欠航や大幅変更などの場合、窓口などでの航空便変更などの対応も迅速にしてくれます。これらの国際線の航空会社では、しばしばエコノミークラスで予定座席以上に予約を入れて、予約過剰（オーバーブッキング）となる場合があります。これは限られた数の方を、ビジネスクラスに上げる（アップグレードする）ことを見越して行っています。このアップグレードは、クラブ会員に優先的にしているようです。その場合カウンターで名前を呼ばれるので、すぐにわかります。

米国に住む私の友人で、この特典をよく利用している人から、アップグレードされやすくなる方法を教わったことがあるので、ここで紹介しましょう。まず航空会社の高いグレードのカードが必要です。その上で荷物は手荷物だけにしておくこと、そして少し遅れてカウンターに行くと、二回に一度くらいはアップグレードしてくれるそうです。これは大変よいですね、と感心したのですが、ただ十回に一度は次の便に回されることもあります、と言われました。国際線でも便数が多い場合はそれでもよいのですが、翌日に回されたら大変なので、あまりお勧めできないかもしれません、と笑っておられました。

最近、私は南アフリカに学会出張に行く機会がありました。日本の裏側なので、東南アジアを経由して、片道30時間ほどかけての長旅となります。エコノミークラスでも

50万円程度、ビジネスクラスなら100万円を優に超えてしまいます。そこで気が付いたのが、同じような航路を往復するのではなく、往路は東南アジア経由として、帰路はアメリカ経由して、世界一周の旅程を立ててみることでした。すると旅費が半額程度まで抑えられます。またマイルやポイントもかなり稼ぐことができます。ただしこの世界一周のプランでは、合計で2週間以上の滞在が求められます。ちょうど南アフリカ出張の後に、アメリカに用務をつくることができたので、この世界一周の旅程は実にうまくいきました。また私の住み慣れたボストンで、ゆっくりくつろぐこともできました。南米に行く場合でもおそらく同様で、世界一周の旅程を作る時間的余裕があれば、種々のメリットが得られるはずです。

スポーツを楽しむ

大学で運動クラブに所属する学生も多いでしょう。特に小さいころからクラブ活動をしていて、一定以上の経験と能力があるなら、それを大学時代に大いに活かして、活躍してもらいたいものです。それぞれの大学には、その大学を代表する体育会系の運動クラブがあり、インカレなどを目指した厳しい練習を行っています。大学から初めてスポーツを始めるのもよいでしょう。その場合体育会系のクラブが難しければ、サークル活動形式のクラブもあり、気軽に参加でき、十分スポーツを楽しめるはずです。

私が医学部ヨット部に所属していたことは前述しました。大学には体育会系のヨット部もあることは知っていましたし、一緒に練習をしたこともあります。彼らは年間の大半をクラブ活動に専念しており、インカレでもよい成績を残していました。1、2年生の新人でも彼らは練習量が多く、しばらく経過すると、私達の軟弱クラブの部員よりはるかに上達します。勉学の合間に練習する我々とは、根本的に異なることを実感しました。でも風を読み、戦術を立てる学習方法は同じで、練習試合が勉強になりました。

ヨット部では多くの仲間達と楽しく活動してきました。クラブを退役した後、急に寂しくなります。私はヨット部をやめたのち、急に体がなまってきていることを感じたため、あわててラケットなどを揃えて、硬式テニスを始めました。最初は自己流でしたが、スクールにも入って練習すると、少しずつ上達していきました。最近では子供たちもテニスをするようになり、家族でのテニスを楽しむ機会もあります。テニスではラリーをするのもよし、試合をすると、いろいろな駆け引きがあり、存分に楽しめます。またスポーツを通してのお付き合いもよいものです。スポーツを介した魅力的な人間関係の構築は、ゴルフをはじめ多くのスポーツでも同様でしょう。

北海道にいると長い冬をスキーで存分に楽しめます。ゲレンデは広々としていますし、何より雪質が最高で、パウダースノーを満喫できます。特にニセコのスキー場は、世界的にも高い評価を受けていて、オーストラリアをはじめ、海外から多くのスキーヤーが訪れる国際的スキー場です。ゲレンデの放送もまたレストレランでも、英語が表記されているほどです。私は学生時代、ヨット部のオフシーズンにスキーを始めたのですが、信州の混雑したスキーでの経験しかありませんでした。学生時代の最後に、友人たちと初めて北海道に来て、大雪山やニセコでスキーを存分に楽しむことができました。3月末なのに北海道のスキー場は滑りやすく、混雑していないので、ついがつがつ滑走したくなります。北海道大学の友人に教えられましたが、**適度にスキーを楽しんだ後は、早目に切り上げて、近くの温泉に浸かります。スキーの後の温泉はまた格別で**

す。特に露天風呂があれば、そこに浸かっていると何時間でもくつろげます。少し熱くなれば、近くの雪を温泉に入れたらよいのです。この北海道のスキープラス温泉にはすっかりはまりました。私の子供たちも、冬は毎年のようにこのスキー場に連れていき、スキー後の温泉を楽しむようになりました。

スポーツを楽しむと書きましたが、必ずしも直接スポーツに参加しなくても、スポーツ観戦でも十分楽しめます。日本では野球ファンが圧倒的に多いでしょう。私も小中学校の頃からプロ野球観戦が好きでした。当時長崎といえば、皆巨人ファンでした。テレビ放送も巨人戦ばかりでした。九州在住のチームがないと、自然とそうなるようです。私は子供心に、川上監督の率いる巨人軍は強くて、他の球団は巨人と対戦するためにあるのだ、と考えていた時期もあったほどです。京都に転校すると、大半は在京の阪神ファンとなります。一度甲子園球場に出向いて阪神ファンの熱の入れ方を見ると、たいてい阪神ファンになります。私も巨人ファンからすぐに阪神ファンになり、強い巨人と真っ向勝負して、時々勝つ阪神が好きになりました。

１９８５年に、阪神がリーグ優勝と日本一になったことがあります。その頃私は米国へ研究留学中で、日本には不在でしたが、阪神ファンの友人の一人が、何度もスポーツ新聞記事をボストンまで送ってくれました。勝利の雰囲気に一緒に浸ろうと考えてくれたのでしょうか。この頃まだ小さかった私の子供たちも、トラ模様のタイガースユニフォームを与えたことがきっかけで、皆阪神ファンになりました。2003年星野仙一監督率いる阪神がリーグ優勝した時には、下の娘はテレビでファンたちが大阪の道頓堀ではしゃいでるのを見て、私も道頓堀に行きたい、とお母さんに言ったようです。同じファンとして喜びを分かち合いたいと思ったのでしょうか。私はすでに離れた北海道に単身でいましたので、気が気ではありませんでした。

10年ほど前から、北海道に日本ハムファイターズが来て、札幌をホームグラウンドとして活躍しています。その結果、北海道の多くの方々が、ファイターズファンになりました。私の勤務する北海道大学病院の病棟の師長さんは大のファイターズファンで、札幌ドームで試合がある時は、必ず観戦に行きます。師長さんは私が阪神タイガースファンであることをご存知です。ある日〝玉木先生、今度阪神が札幌ドームに負けに来ますが、観に行きますか?〟とお誘いを受けました。確かに阪神は、日本ハムとの対戦成績が極端に悪いのです。もちろん、このような〝屈辱的〟なお誘いはお断りしました。案の定、お誘いを受けた試合は、ボロ負けしたのですが、〝阪神タイガースよ、札幌でもしっかりやれよ〟と金本監督に言いたくなります。

プロ野球のことが、友人との会話に上ることもしばしばです。でもスポーツの話題は、相手を十分見てから話すことが大切です。もちろん応援する野球チームが異なっている場合は、ちょっとした注意で問題はないでしょう。でも私は一度とんでもないミスをしたことがあります。それは数年前に欧州の学会の合間に、仲の良い私達3名がそれぞれ夫婦同伴で会食をした席でのことです。私達日本の夫婦と、イタリア、スペインと国際色豊かな楽しい小パーティでした。私がついスポーツの話題の中でプロ野球の話をしたのです。するとイタリアの友人は黙っていません。〝野球のどこがおもしろいのか〟、と喰ってかかってきたのです。彼は、あのだらだらしたスポーツは最低だと、プロ野球をさんざんコケにしていました。お酒の席とはいえ、その場は急に白けてしまいました。幸いスペインの友人が、上手に話題を変えてくれたので、何とかその後会話は続き、事なきを得ました。でもせっかくの雰囲気をつぶすきっかけを作ったようで、大きな恥をかきました。確かに欧州で盛んなスポーツは、何と言ってもサッカーです。サッカーの話題なら、皆の関心を集めて話も盛り上がったでしょう。**親しい間でもできるだけ共通の話題を出して、楽しい会話をもりあげていくことが大切でしょう。相手の話題を批判するのは問題がありますが、気に触る話題には、あまり口を挟まないか、できるだけ他の話題に切り替えるのもよいでしょう。会話を大切にする欧米では、このようなエチケットも心得ておくことが大切です。**たかがスポーツの話題とは言え、この会話は大いに勉強になりました。

サッカーは最近急速に日本でも、特に若い人たちを中心にファンが広がっているので、特にここで取り上げる必要はないでしょう。世界中でサッカー人気が高まっていることはよいことです。またこの話題ならまずは問題ないと思います。もちろんスポーツ観戦だけでなく、実際にサッカーに参加して楽しんでいる若手の人々も多いことでしょう。

アメリカで盛んなスポーツといえば、何といってもアメリカンフットボールです。ゲームを見ていて途中ですぐに中断が入るし、ルールがわかりにくい部分も多く、理解するのに時間はかかります。私は高校生の留学中に、友人にルールを教えてもらって以来、楽しんで観戦できるようになりました。４回のダウンの間に10ヤード以上進めば、攻撃が継続できる、という基本的なルールさえ知っておけば、ほぼ理解できます。私が京都大学在学中には、京都大学アメリカンフットボールチームのギャングスターズが強く、日本一になったこともあります。長年最強であった関西学院大学を、数十年ぶりに破った記念すべき試合を、友人に誘われて観戦したこともあります。アメフトの選手はたいてい高校時代からの経験者が多いのですが、京大チームは、厳しい受験戦争を勝ち抜き、大学生から始めた連中ばかりで、〝恐怖の素人集団〟などのレッテルを張られていました。それだけに特段応援のしがいがありました。当時は水野監督率いるチームで、クオーターバック東海の数々の素晴らしいパスとランプレーは、今でも忘れられません。スポーツの醍醐味を存分に味わう、ハラハラドキドキの試合を観戦できます。でもこのアメリカンフットボールチームの話題は、まだまだ日本では主流ではないかもしれません。同じスポーツならラグビーでしょうか。ルールは異なりますが、ハードなぶつかり合いをしながら、ボールをゴールまで運ぶという点は類似しているようです。

風を読む

空気を読む（ＫＹ）という言葉がはやっています。ＫＹのできない人は、若い間で軽蔑されるようです。確かに周囲の空気を読むことも大切でしょうが、それよりも**社会の風潮と今後の動向ともなる、風を読むことが社会人として大切ではないでしょうか。社会で求められることを認識すること、周囲の人間関係について、あるいは種々の社会活動の中でどの点が問題になっているかを把握して、問題意識を共有することは重要でしょう。このような風を読む姿勢は社会人として求められています。またこの風を読むための修練も必要です。学生時代や社会人の若い時代にあらゆる手段を使って学んでほしいものです。**

私はヨット部での活動をしていたこともあり、風を読む訓練を徹底して受けてきました。ヨットを効果的に走らせるため、そして試合に勝つためには風を読むことが求められます。ヨットレースをする際には、まずどの位置でスタートラインを切るかで、その後のレースが大きく左右されます。他方、第一到達点（風上）までは、自由に好きなコースを選んでいきます。その時にどのように風を呼び込むかも、その後のレースを左右します。レースの途中では何度も相手と競り合い、駆け引きをしていきます。ヨット部で練習をしてきて、風を読み、風をつかんで、有利に取り込むことが重要だとつくづく感じ取りました。ヨット部に所属していた仲間たちは、その後も上手に人生の風を読んで過ごしているように思えます。またレースは相手あっての勝負なので、自分が少しでも有利なコースを進めるように激しい競争の中で自己主張をすることも多いです。また激しい競争はさけて、自分ひとり有利な風を読み込んで、独自に走りこむこともあります。またお互いに競争することが大切ですが、２艘で競い合いをしている間に、別のヨットに抜かれてしまうこともあります。それぞれコースの取り方、競争の仕方には好みがあるようで、最終的にレースを楽しみ、よいコースを選択して勝利すればよいのです。

人生レースも同じことが言えるかもしれません。レースのように競争してトップに立つことも大切です。他方皆で協力し合って同時にゴールすることもあるかもしれません。いずれの場合でも有利なスタートを切ることも大切ですが、その後はいろいろな経験を積みながら、風を読みつつ、最終的には人生ゴールを目指してさまざまな進路を歩んでいくのでしょう。コースのたどり方はいろいろあるでしょうが、結果をしっかり予測しつつ、有終の美を飾りたいものです。また最終ゴールだけでなく、ゴールに至るまでどのような経過をたどっていくかも重要でしょう。ゴール（退職）した後、よいレース（現役人生）だったと振り返られるような進路を歩みたいものです。

6　大学院で学ぶ魅力

大学を卒業後、理系の多くの学部では大学院に引き続き進学されることが多いでしょう。医学部や歯学部、獣医学部などの場合には6年生を修了後、そのまま大学院博士課程に進学して研究者を目指すこともありますが、多くの場合は2年間の研修医となり、その後数年して大学院に入ることになります。もちろん大学院に入らず、一生臨床医で過ごす場合もあります。医学部を含む生命科学系の学生に、常日頃から私が主張続けていることがあります。それは**卒業後社会人としての素養がある程度身についた折には、一度最も興味を引く専門領域を決めて、早いうちに大学院に進学してその領域を掘り下げる研究に従事してほしい、ということです。大学院では各々の領域で何が話題となっていて、どんな内容の研究や実用化が進んでいるかを目の当たりにすることができます。またその中で実施されている研究の一端を担うことができることは、その後自信にもつながります。さらには大きな研究のテーマの中で、自分が担当してきた仕事がどの**

ような位置を占めたか、役割を演じてきたのかを知ることも意義が深いと考えます。多くの場合は、教室の中で継続してきている研究テーマのひとつを担当することになるでしょう。でもひょっとすると、苦労して自ら研究を立ち上げることにもなるかもしれません。その苦難の結果、自ら作り上げた成果は大いに称賛されるものでしょう。さらには自分で行った研究がどのように社会に還元されるのかを見ることもできます。その領域の研究の一翼を担うことができたことを知ることも大切なことでしょう。もちろん、その後研究が面白くなって、大学院の修了後もポスドクとして研究を継続発展することもよいことでしょう。優れた成果をあげて幸運にも大学の助教などのポストに就任できるチャンスが、回ってくるかもしれません。

他方大学院修了後、また社会人として病院や企業などの業務に戻っても一向に構いません。社会人に戻っても、一定期間自分自身が研究に従事したことは、その後にきっと自信と経験となって役立つことでしょう。また社会にもこれらの経験はきっと還元されると考えます。**近年日本でも大学と企業の研究部門との間をつなぐ産学連携研究プロジェクトが、あちこちで立ち上がっています。また国もこのようなプロジェクトを支援**

しています。その際に企業の研究部門には、一度大学院で研究を行い、博士号を取得した方々がおられます。またこのプロジェクトを契機に関連大学大学院に入って、博士号を取得されることもあります。企業の研究者と大学の研究者とが意見交換を行い、ひとつの共同研究を進めることが大切です。その際に一度大学で研究に従事した経験のある方々と、対等な立場で相談できることは、大変ありがたいことです。企業にいても大学にいても、同じ目標に向かって協同体制をとることができます。

大学と企業との垣根を無くして、自由に往来できるようになったことも魅力です。企業の方が研究テーマを持って大学に来て、独自の研究を発展させたり、あるいは大学の研究者がその研究を一段落し、企業に移って自分の研究の実用化に取り組んだりするのもよいでしょう。**大学から企業へ就職の一方向だけでなく、企業から大学への逆方向も加えて、双方向の人事交流や協同研究がさらなる発展を生むと思います。どこにいても一生学び、それを実用化する橋渡し研究（Translational research）や、実地で生じた課題を大学に持ち帰って基礎研究に戻って検証する研究（Feedback research）のどちらの姿勢も必要でしょう。**大学の立場からすると、企業の実用化の立場に立った若手研究者と魅力ある研究をする機会が増えることはうれしい限りです。他方、企業の研究者にとっても、じっくり基礎的な研究に携わって、一定の研究成果をあげる研究に従事する経験は、将来企業に戻った後に役立つはずです。企業にとっても、そのような研究者をもつことはプラスになるでしょう。大学と企業との距離が近くなる利点も大きいはずです。

一般病院で勤務する医師にとって、実臨床で疑問になった課題を大学に持ち帰って、基礎的な研究で検証することは大切です。でも単に研究のための研究ではなく、その成果が実臨床でも役立てられてほしいものですし、そのようなテーマに取り組んでもらいたいものです。博士号を取得して研究に従事した経験は、その後の診療にきっと役立つでしょう。また診療にとっても自信となるでしょう。その大学院への進学は、それぞれの大学や教室の実情もあるでしょうが、一般的には若くて融通の利く若い時期の方がよいように思えます。大学院での研究の重要性は医学研究科に限らず、医療関係、さらには広く生命科学においても同様のことが言えます。

私の場合、卒業後2年間の研修を終えた後、少し早目に京都大学の大学院に戻ってきました。そこで私は心臓核医学をテーマに研究を推進しました。ちょうど先輩で直接ご指導をいただいた先生が米国留学をされることもあり、先生の研究を引き継ぐことで大学院の研究がスタートしました。あれこれ指導をしてくださる方がおられなかったのは寂しく辛いことも多かったのですが、その代わり存分に自分のアイディアで研究を進めることができました。

所属する教授からは魅力的な研究テーマをいただきました。ちょうど回転型ガンマカメラを日本で初導入されていました。これを用いた循環器領域への応用が私の研究テーマとなりました。当時まだ断層像（SPECT）を再構成するソフトウェアもなかったのですが、物理専門の先生が独自のソフトを作成してくれました。無我夢中で虚血性心疾患症例の心筋血流SPECTを作成、心筋梗塞や心筋虚血の病巣を高いコントラストで映像化できるようになりました。これで過去にNon-clear Medicineと言われていた画像が、ようやくClear Medicineの領域にまで達してきたと考えています。

この論文を書いていた折に、米国の研究者が来日され、同様の研究を発表しているのを聴きに行く機会がありました。ずいぶん自信を込めたご本人の発表でしたが、どう考えても私たちの方が症例数も多く進んでいました。この競争では今なら勝てると感じて、それから日夜努力して迅速に論文を完成し、世界最初の心筋血流 SPECT の臨床評価を、この分野では最高の雑誌である Journal of Nuclear Medicine に投稿し、すぐに掲載までこぎつけました。その後も大学院生の間に多くのオリジナリティに富む論文を発表できました。大学院の4年間で10本くらい英文原著論文を仕上げたでしょうか。また循環器内科や外科とも共同でいろいろな論文を作成しましたし、関連分野の研究を支援することもできました。大学院の4年間で、心臓核医学領域では数多くの論文を公表し、世界に発信することができたと自負しています。同時に日本の医療人にも理解を深めるため、日本語の原著論文も作成しました。今にして思うと、日本語論文を作成する時間とエネルギーがあれば、もっと英文原著論文を書けました。惜しいことをしたと思っています。

ただその後の米国の活動は、さすがだと感心させられました。私たちの研究成果を受けて、米国の病院では同じ装置を5、6台導入してすぐに我々の症例数に追いつき、追い越してしまいました。また米国の大手の機器メーカーが、高速で計算する SPECT 再構成ソフトウェアを開発しました。さらにはこれらの画像を客観的、定量的に表示する同心円表示なる自動化解析ソフトウェアまで完成させていました（私たちも独自に作成していたのですが、手作りのやり方では力及びませんでした）。米国はいったん役立つとわかると、大規模で迫ってきます。そのスケールはすごいと痛感します。その後米国で次々と心筋血流SPECTに関する論文がより多くの症例で検討され、現在に至っています。おそらくそれらのソフトウェアの一部は特許を取得して、大きなお金も動いているることでしょう。でも私たちの検討・報告が世界最初であることは間違いなく、その点を自負しています。

他方所属する教室は、サイクロトロン、ポジトロン核医学の導入にも力を注いでいました。京大薬学部の先生をワシントン大学に留学させ、帰国後共に仕事のできる機会を与えて下さいました。現在ではポジトロン断層撮影法（PET）は、広く臨床の現場で利用されるようになりましたが、当時は薬剤も手作り、検査にも時間をかけて、画像が出てくるまでに時間を要していました。私はPETの循環器領域への応用を主な研究テーマにしてきました。これはUCLAの研究グループとの競争になりましたが、とても人的リソースの点で勝負とならず、大学院生で3、4本の論文を書いたところまででした。ただあれからすでに30年近く経過している現在でも、この頃の私たちの論文を引用していただいていることはうれしいものです。

大学院に入学すると、研究に没頭してその成果を博士論文にまとめることが大きな課題となります。修士課程の場合には、学位申請論文の作成で十分です。他方博士課程では、多くの場合英文原著論文の作成が求められます。厳しい大学や大学院では、厳しい査読のある一定レベル以上の論文1、2編の出版が必須となります。他方学部によっては、論文作成して投稿できるまででよしとしているところもあります。これについては議論のあるところで、博士課程では第一線の研究に取り組み、それをまとめる手技を学べば十分ではないか、教員はそれを最初の段階から、中間審査、そして最終審査まで教育指導することが大切である、との考えもあります。逆に厳しい査読を乗り越えた採択論文があれば十分ではないか、との意見もあります。大学院によって温度差はあるでしょうが、**せっかく博士課程に入ったのなら、魅力ある研究テーマをもらって、自ら研究を推進すると共に、周囲の意見を参考にして論文を書き上げて、厳しい査読に耐えて**

一定レベル以上の英文誌に採択させる意気込みを持ってほしいものです。

これから魅力ある研究を推進する人たちのため、私なりの研究に対する心構えを紹介しておきます。

①取り組もうとする研究テーマについて、まずは文献などで世界の状況を把握すること。その分野での研究の背景を把握したうえで、しっかりとした研究目標を立てること。

②これから取り組む自分の研究テーマについて、世界のどのような立場にあるのか、またどれほど研究価値があるのかをしっかり見定めること。特に競争をしている場合には十分注意する必要がある。他の競争相手がないなら、じっくり研究を推進したらよい。逆に競争になっている場合には、できるだけ速やかに論文（場合によっては特許申請）まではばく進するべき。

③予想とは異なる結果が得られた時には、その理由をよく考えること。実験（解析）方法に誤りがあるかもしれないし、再検することも必要。もし予想外の結果が正しいとすると、その理由をしっかり考えてみること。そこから思いがけない研究へと発展する可能性がある（これは多くのノーベル賞受賞者が同じことを述べている）。

④研究成果を学会（特に海外の一流の学会）で発表することは大切。ただ発表だけで満足していてはいけない。また日本語や三流誌の論文投稿に時間をとられてはいけない。一流英文雑誌へ投稿し、そこで公表することを目指すこと。そこではじめて正当に評価されるし、研究業績を公的印刷物として後世に残すことができるし、その後世界中の研究者に注目され、かつその論文は広く引用されるようになる。先駆的技術については、特許取得も視野に入れるべき。

⑤研究テーマやその対象についても熟慮するべき。自分の周囲の研究者がこれまで担当してきた（あるいは得意とする）テーマを選ぶと、比較的容易に世界に通じる研究につながることがある。逆に競争の厳しい領域では、よほど先駆的に研究をリードしないと、研究の成果は評価されにくい。いろいろな角度からオリジナリティの高い研究テーマに切り替えることも必要。

近年日本での臨床論文が数少なくなっていると指摘されています。韓国、中国の論文数の顕著な増加に比べて、日本からの論文が質も量も見劣りしてきているように思えます。これにはいろいろな原因が考えられるでしょうが、決して研究者の研究レベルが低下したとは思えません。**先人たちは地道に鋭意努力した結果、優れた論文を公表してきました。若い世代も努力を惜しまず、ぜひ優れた研究成果をあげて、論文として世界にアピールしてほしいものです。**ともかくこれから研究を推進される人たちには、従来と同様に新しい手法を確立して、臨床に役立つ論文を出すことも大切でしょう。一方では、これまで日本では弱いとされてきた臨床評価の論文についても、日本でも育ちつつある臨床研究開発機構のネットワークを十分活かして、多施設共同研究体制を作ってエビデンス作りの作業も進めていくべきでしょう。これまで日本では臨床での許認可の遅れが指摘されてきました。今後は日本で生み出されたオリジナリティの高い価値ある手法を、国際競争に負けないように、速やかに省庁での許認可を進め、その臨床的価値を世界に先駆けて示せるような研究体制の構築が求められています。

7　太平洋の懸け橋とならん（その2）

大学に在職する若手研究者にとって、最先端の研究に触れるため、あるいは自分自身の研究をさらに加速させるため、海外に留学する人も多いでしょう。大学院で成果をあげた研究をさらに発展させる、よい機会でぜひお勧めします。以前に「その1」としてなんでも見てやろう、との趣旨での留学を紹介しました。「その2」の留学は、最先端研究の学習や自分自身の研究の促進のための留学ですが、日本を離れて最先端の大学、研究所での研究生活をしつつ、視野を広める意味では、共通する目的といえるかもしれません。**大学で勉学し、その後大学院でさらに勉学を発展させて研究の経験を積んだ後は、ぜひ最先端の研究の行われている欧米の大学や研究施設に留学して、そのような研究に触れると共に、できればその仲間に加わって、自分自身を試してもらいたいものです。きっと一生に残るよい研究発表ができ、論文が残ると思います。**一部の留学生は留学先で相当な実績を上げて、その場に長年スタッフとして残ることもあります。それも魅力ある人生かもしれません。でも多くの方は1年から3年程度で帰国されます。あるいは、その後も海外生活を延長して、それなりの魅力ポストに着任され、国際的に活躍される方もおられます。

私の所属した京都大学の教室では、多くの研究者は大学院修了後海外留学をして、研鑽を積むことが恒例となっていました。私も大学院の終わる１９８４年から留学先を探すことになりました。まず私の敬拝するStrauss先生と連絡を取り、留学の希望を伝えてみました。もちろん二つ返事で内諾をいただき、ハーバード大学医学部マサチューセッツ総合病院（Massachusetts General Hospital: MGH）への留学が内定しました。当時核医学では世界最高レベルの研究を推進している教室でしたし、日本からは数人が留学されていたこともありました。またStrauss先生もその周囲も、日本人のことをよく理解してくださり、教室に入りやすい雰囲気がありました。他方義父は、以前に家族を連れてボストンのタフツ大学に留学し、家内もボストンで小学校時代を過ごしています。義父も家内もボストンに留学することを大変喜んでくれました。

ただ当時よりボストンは住宅費がきわめて高く、相当の家財の持ち出しを覚悟する必要がありました。Strauss 先生には私自身の研究業績をアピールして、年間1万ドルの給与をいただくことができました。もちろんわずかな給与では生活できず、だいぶ持ち出しとなりました。ただ一定の給料が支給されると、保険などが手当てされるようになり、私のように子連れの家族を持つ者として助かりました。当時は1ドルが２４０円程度と、今に比べるとかなり円安でした。でも私たちは20ドル札を1万円札のように大切に使っていた印象があります。留学して1年たった頃、研究成果を強くアピールすると共に、生活の窮状を訴えて、給与を50％アップしていただきました。これで2年間、何とか人並の生活ができるようになりました。もちろんこの2年間で貯金はだいぶ目減りしました。でも京都大学では休職扱いにしていただき、多少の給与が支給されて日本の銀行口座に積まれていたのが、大変助かりました。

ボストンは欧州の雰囲気が漂う魅力的な街並で、観光名所が数々あります。また郊外にも名所が多く、車を使って安いホテルに宿泊しつつ、北米の北東地区のいろいろな場所を訪問しました。特に気に入ったのはニューハンプシャー州の秋の紅葉で、何度も訪問しました。また『赤毛のアン』で有名なプリンスエドワード島（カナダのノバスコシア州）も素晴らしかったです。『赤毛のアン』のファンの家内は、以前よりプリンスエドワード島に行きたかったようで、その戦略として私に『赤毛のアン』シリーズを読むように勧め、そのおかげでこの島の魅力は私も理解していました。この島を訪問すると、確かにあの小説の中の夢の世界を彷彿させるような、魅力ある風景を満喫することができます。最近では多くの日本人観光客が訪れているようですが、１９８０年代はまだ日本人観光客は僅かでした。

ボストンは芸術を楽しむのにも恵まれた街です。ボストン美術館は何度も訪れました。日本の浮世絵の宝庫として世界的に有名な美術館で、訪れるたびに浮世絵の展示物が異なっています。もうひとつ感動したのは、ボストン交響楽団です。留学中は小澤征爾が常任指揮者として活躍しており、世界中から超一流の演奏家が共演しにボストンを訪れていました。留学中には何度もボストン交響楽団の演奏会を聴きに行きました（切符も日本よりはるかに手頃でした）。また夏にはマサチューセッツ州の西にあるタングルウッドという郊外で、野外コンサートを行います。これも人気で、私たちは小さな子供たちを連れて聴きに行きました。子供たちは芝生で遊ばせておけばよく、大きな音や声さえ控えれば、だれでも家族連れでコンサートを楽しむことができます。

研究のひとつを紹介しておきましょう。ルビジウムというジェネレータ式PET用製剤を用いて、腎臓の血流評価を行う動物実験に関わりました。この薬剤は心筋血流評価に利用されており、循環器核医学を専門にしている私は、この分野の研究に使用するつもりでいると、Strauss先生から、他ですでに進んでいる研究を追従するような研究テーマは意味が薄く、どうせやるなら世界最初の研究をするべきだ、と指示されました。そこでまだだれもやっていない腎臓の血流量をこの製剤を用いて測定しようということになりました。犬の片側の腎動脈を結紮した後、夕方臨床検査場に犬を運んでPETで測定をするものです。同時にマイクロスフェアを投与して血流量を測定し、対比することで、この検査法の妥当性を証明することができました。

この実験を実施していると、片側の血流を低下させると反対側の血流も低下することが認められました。この結果は予想外であり、データ間違いではないかと何度も繰り返してみました。ただこの結果を十分説明することができたため、方法論と共に反対側の腎血流反応性についてそれぞれ一流誌に論文を掲載することができました。この研究では動物実験や血流計測法などの手技を覚えて、良い論文を書けたことはもちろん、実験における組織血流量測定の手技、モデル解析など、さまざまなことを学習しました。何より一流の研究者として、以下の大切なことを教えていただきました。すなわち、**他人の研究の追従をしても価値は少なく、世界最初の領域を開拓して研究を進めるべきであること、また予想に反する思いがけない結果が得られた場合には、十分考察を加えることで、さらに独創的な研究へと発展できることです。このような世界最初の成果が得られることは、この上ない魅力です。また得られた成果は十分検証をした上で、一流の雑誌に報告することも大切です。**

留学中に研究者と意見交換することで、現在話題となっていること、今後話題となることなど、重要な課題についても真剣な意見交換ができます。そこでの人間関係も貴重な財産になるでしょう。**最先端の研究を進めている教室では、世界中から優秀な研究者が集います。彼らと突っ込んだ話し合いをすること自体が、貴重な経験になります。また対等な議論をしていれば、帰国後もそこでの人間関係は一生の財産になるはずです。**そのためにも日頃から英語でのしっかりとした意見交換ができる力が求められます。日本人にはやや苦手かもしれませんが、もしそれまでに自分自身の論文を書いていれば、それを示しつつ、高いレベルの議論に加わることが可能です。

私にとっては帰国後も価値の高いテーマと取り組むことができました。留学中の論文も高い評価を受けましたが、帰国後数年の間にまとめた論文が、現在最も引用される機会の多い、自分にとってはかけがえのない貴重な財産となっています。また留学によって研究に自信がつきました。このような第一線の研究ができたのも、Strauss 先生をはじめ、研究者と密な意見交換をし、決して安易に譲らず、自分と相手の意見をよく吟味した上で、研究を推進していく、前向きの姿勢を継続した結果ではないかと思っています。留学中にハーバード大学はもちろん、米国や欧州のさまざまな研究者と交流をもつことができました。その中には最先端の研究に従事している研究者との交流もありました。その後も交流を継続したり、あるいは日本から留学生を紹介したりと、今でも貴重な財産となっています。また今にして振り返ると、**留学を通して最先端研究の目利きができるようになっただけでなく、研究者としての自信がつき、視野も広がったような印象をもちます。世界的な研究者との交流をもったことも大きな財産です。私が周囲に研**

究での留学を強く進める理由は、ここにあります。すなわち世界最高レベルの研究に触れてほしいこと、どのような研究価値があるのかを知って取り組んでいくこと、そして自分の研究に自信をもつこと、などがあげられます。

帰国後は自分だけでなく、若手の育成にも努めています。また自分と同じような経験をしてもらいたいと思い、特に海外留学を強く推奨しています。帰国後30年余りになりますが、この間20名を超える留学生を欧米に送り込んできました。それぞれ皆優れた研究成果をあげ、自信をもって帰国してきています。私はいつも留学生を派遣すると、彼らの留学中に必ず留学先を訪問することにしています。留学している頃に指導者が訪問してくれるのは、大いに励みになるようです。そして留学先の指導者には必ず次のようにコメントしています。

①日本から留学する研究者は皆優秀な研究者で意欲的。留学先で必ず熱心に研究をして確実によい研究ができるはず。
②日本人は語学のハンディがあるだけでなく、奥ゆかしさを美徳としている国民性があるので、皆の前では発言しないことが多い。その場合、個別に一対一で話をしてほしい。

きっと優れた考えをもっているはず。

他方、留学生に対しては早く環境に慣れるよう、次のようにコメントしています。

①できるだけいろいろな会議に出席して、自分の意見の主張を試みること。特に指導者とは個別に意見交換すること。そうでないと欧米では無知扱いされる場合がある。

②指導者の指示をよく聞いて、魅力ある研究テーマを選んでまとめること。熱心に打ち込めば、きっと良い研究成果があがるはず。

③帰国した後にどれだけ成果が挙がるのかも、留学の価値のひとつ。留学で学んだことをしっかり整理して、帰国後にそれを活かして活躍してほしい。

太平洋の懸け橋とならんと記しましたが、研究者の交流を促進し、第一線の研究の場で日本人の研究者が活躍できる場を提供してきました。これは私が人生の中で最も力を入れ、大切にしてきた生きがいでもあります

米国の第一線の研究者についての私の印象をここで触れておきます。研究のリーダーのほとんどがいわゆる外国人です。一部ユダヤ人が入っています。私のボスだったStrauss 先生も、当時の循環器内科部長の Edward Haber 先生もそうでした。かれらは

熱心で、かつ仲間意識が強く、お互いに助け合っています。日本人気質と類似する点も多々あります。その点で、多くのユダヤ人のリーダーは、同じように熱心に働く日本人研究者を喜んで採用してくれます。

他方アングロサクソン系は、最近ほとんど研究者の中には見受けられなくなりました。その大半は収入のよい企業への就職や開業をして、身分の安定を図っている印象を受けました。ハーバード大学の学生や研修医と意見交換したことがあります。彼らは皆極めて優秀で、頭の切れも抜群です。研究者になれば、さぞ優れた研究をするだろうと予想されます。でも大学に残って研究者になりたいとする人は、ほとんどいません。というのも、多くは奨学金を抱えていて、卒業後はその返済のため、収入のよい職に就こうとするようでした。おそらく返済終了後も身分の安定した企業や開業に目が向くのでしょう。米国では大学所属の研究者と、企業や開業する人達との収入の差が極めて大きいようです。Strauss 先生は、大学の研究者こそ、研究成果に合わせたより豊かな収入があるべきだ、と語っておられました。日本ではこの差は少ないかもしれません。でも欧米に比べて日本の大学の研究者はさらに収入が少なく、とても恥ずかしくて公表できないな、との印象を持っています。

このような理由で、大学の研究施設には最近、海外からの研究者が着任する機会が増えているようです。ただ残念ながら日本からの留学生が減少しており、代わりに中国や韓国の留学生が増加しており、常勤職にも頻繁にアジア人やインド人が散見されるようになりました。近い将来、彼らの多くが研究のリーダーになるような時代が到来するでしょう。その時果たして以前のように、日本人留学生を喜んで採用してくれるかどうか、いささか不安です。私は前述したように、**今後も多くの優れた日本からの留学生を大切にしていただきたいですし、その機会を多く持ち、彼らを支援する体制作りを行いたいものです。何より将来を担う多くの研究者に留学をしてほしいと願っています。そして彼らの一部が欧米に残って、研究の主たる地位についていただきたいと心から願っています。**

8　学会を通しての太平洋の懸け橋

太平洋の懸け橋とならん、と述べてきましたが、**研究者として自分自身の研究成果を国際的にアピールするため、また国際交流を図るためにも、国際的な学会には積極的に参加することが大切です。自分の力を試すよい機会です。またその前後に論文を一流誌に投稿する際には、このような学術集会での発表は、将来査読をしてくださる著名な先生の目に留まることも多く、論文を通すために役立つ場合もあります。また学会に積極的に参加して、自分をアピールすることもできます。そのような人脈の構築が将来自分自身の留学や後輩の留学に役立つこともあります。**

国際的な会議は、数年に一度のいわゆるお祭りの国際学会と、毎年開催される学術集会の二つに分類できます。前者の国際会議は年輩の先生方が中心に参加され、講演などを通して交流を深めるもので、若い研究者が参加する価値はあまりないと思います。一般演題を集めることに苦心しており、募集された演題はほとんど無条件に採択されているようです。これに対して、学術集会は最新の研究成果を発表するもので、募集される演題は厳選の上採択されたものだけが発表の機会を得ます。ここで若手研究者が発表する価値は高いでしょう。また最先端研究の特別講演や教育セッションもあり、若手の先生には勉強になります。最近では多くの学術学会では若手の優れた発表を奨励するために、Young Investigator Award（YIA：若手研究奨励）の制度も数多く用意されているようです。

海外での学会で私が若手に指導していることを書いておきます。なにぶん日本人は英語に不慣れなので、他の国の人たちが流暢な英語で発表していることを見て、臆することがあるようです。でもよくよく内容を聴いてみると、多くの場合大した発表はしていません。**まず自分の発表に自信をもつことです。次にその発表をできるだけわかりやすくなるように、スライドや講演原稿を簡潔明瞭にしておくことが大切です。**重要な結果は繰り返して話しましょう。何より自分の発表を外国の方々に最後まで理解していただくことを目指しましょう。海外では魅力ある発表には、必ず多くの質問が出ます。まずはそのような質問が出るような発表ができれば、合格と言えます。多くの場合、座長が社交辞令で質問してこられますが、もしフロアから著名な先生が質問してこられたら、チャンスです。しっかり受け答えして、自分の発表を印象付けましょう。突然の質問に対して、的確な回答をするのは大変なことです。

でも自分自身の発表から生じる質問はあらかじめ予想できるでしょう。**英語にあまり自信がないなら、予想質問と見本回答をあらかじめ準備しておけば助かります。**欧米人で上手に受け答えしている発表者は、単に英語ができるだけでなく、模範解答を準備しています。もちろん彼らにとってもわからないこと、やっていないことについては、そのように正直に回答していますし、今後の重要な課題であることを述べています。**魅力的な発表をした後で、難しそうな質問に対しても上手に受け答えすれば、その発表の評価はぐんと高まります。ぜひ採択された演題をより魅力あるものになるように、しっかりと準備してください。**

私の記憶によく残っている若手の活躍を紹介しましょう。福島医大の循環器内科から若手研究者を預かりました。福島医大に新しくPET-MRIの第一号機が入るので、循環器の応用を勉強したいということで、彼は2年間勉強しに北大にやって来ました。まじめで常に前向きに勉強をしてくれ、どんどん力をつけてきました。また周囲との人間関係もよく、皆に好感をもたれていました。Society of Nuclear Medicine Molecular Imaging（SNMMI）（米国核医学会）にも演題を出して、演題が採択され、講演発表をしました。もちろん十分練習をして臨んだのですが、質問を受けて立ち往生してしまい、せっかくの魅力的発表も、価値は半減してしまいました。本人はさぞ悔しかったのでしょう。彼はすぐに英会話の勉強に取り組みました。1年後に同じSNMMIに演題を採択させ、その発表はわかりやすく、かつ会場で出てきた種々の質問に実に上手に答えていました。この1年間の地道な努力が実を結んだことを、私はもちろん周囲の皆は高く評価しました。さらに彼は苦労をして2年間で2編の英文原著論文と三つの症例報告をまとめてくれました。

つい先日福島医大を訪問する機会がありました。私達と共に仕事してきた彼が、PET-MRIを利用して、魅力的な成果をあげていることをみて、うれしくなりました。また循環器系の大きな学術集会であるAmerican Heart Association（AHA）（米国心臓病学会）に演題を出して、ポスター発表の折に心臓核医学の著名な先生方と、自分のポスターの前で意見交換できた、とうれしそうに語ってくれました。このような**大きな学会で魅力的な発表をすることはもちろん、質疑応答がしっかりできることで、初めてその内容が高く評価されます。多少英語が苦手でも、地道な努力を継続することで、周囲を感心させる発表につながるはずです。**

私は大学院の頃から、毎年学術集会に演題を出して発表してきました。また指導的な立場に立った後は、周囲の若手研究者にこのような学術集会に積極的に参加することを奨励し、また支援してきました。最近米国の学術集会の参加者が減少してきており、以前ほどの活気が見られなくなってきている印象を受けます。AHAや、私がホームグラウンドとしているSNMMIも同様です。逆に欧州の学会の活性化が目立つようになってきています。これは以前に比べて企業からの支援が少なくなっていることや、学会参加に必要な人的支援をする研究費が制限されていることもあるようです。このような米国の厳しい国内事情からか、日本など海外からの参加者への期待が大きくなっているようです。参加者の増加を支援するさまざまな取り組みもみられるようになっています。

私がSNMMIに最初に参加したのは、大学院2年目の1981年で、以来現在に至るまで三十数年間、毎年欠かさず参加してきました。1981年には応募した演題がたまたま将来性の高いとされるFeatured sessionに選ばれ、多くの参加者の前で講演することができました。これに刺激を受けてその後毎年演題を応募し、毎年参加しています。当時は教室や自分の研究費を旅費や学会登録料に充当することが難しく、アルバイトで得た大切なお金で旅費・参加費を捻出して参加していました。京都大学の教室は教室員が多かったこともあり、教授から依頼されて学会参加する場合を除き、一般の演題が採択されてそれに参加するのは、自費に任せざるを得ませんでした。当時の科学研究費では海外出張の旅費の捻出ができず、研究費を使えない若手研究者はアルバイトを制限して研究を遂行し、演題が通った場合には、自分で旅費を出さざるを得ませんでした。なお私が北大教室の責任者になった際にはすぐにこの制度を改めて、演題が採択された場合にはインセンティブをつけるため、教室から交通費を支給するようにしています。

米国留学直後にはわずか3ヵ月で、米国での研究をまとめて演題応募して採択されました（留学先からの演題が通ると、学会参加のための交通費はラボから支給して下さいました）。また2年目には五つの演題を自分で出し、すべて講演での採択を得ています。帰国後は自分の研究はもちろん、周囲の研究者と相談して京都大学で行っている研究を整理して、多くの演題を出し、発表してきました。

北海道大学に異動した後は、教室員を鼓舞してそれぞれの研究をまとめると共に、SNMMIなど主要な海外の学会に演題を出すことを推進してきました。１９９６年からは毎年この学会には20演題前後を採択させています。もちろんこの数は日本では常にダントツ1位であり、世界でもほぼ毎年5位以内にランクされています。２０１５年には採択演題数は世界でトップになったこともあります。一般にこの学会では演題の採択率は30％程度で、厳選された演題だけが発表する機会を与えられます。最近は多少多目に採択して、多くをポスターに回し、高いレベルのものを口演発表として選択する傾向があります。そこで教室の方針として、初めて演題を出す研究者には、口演でもポスターでもお祝いとして交通費を支給しています。他方、２回目以降は口演に採択された場合のみに交通費を支給し、ポスター演題だけの場合には、他の人に発表を任せ、留守番をしてもらうようなルールにしています。このルールのおかげで、皆はより高く評価される優れた演題を作成し、応募するようになっています。応募する演題抄録の書き方も指導し、実に魅力的な内容にまとめ、また事前に何度もリハーサルすることもあり、口演発表も皆上手になってきています。

リハーサルを繰り返すのは別の目的もあります。リハーサルでは発表の内容や発表の仕方について詳細にチェックするだけでなく、予想質問も準備してその対応の練習もするのです。このようにして発表のレベルアップを図ります。これを聴く若手研究者（研修医も含む）は、大いに刺激を受けるようです。次は自分の番であると思い、その準備にかかれるようです。次回は自分たちが中心となって演題を出し、リハーサルをするようになります。このようにして人材育成などの面でプラスの効果があります。口演の中でも優れた演題はYoung Investigator Award（YIA）（若手研究奨励賞）のセッションに回る場合もあります。そこに選ばれることも名誉なことですが、さらにその中から発表の内容や方法、質疑応答、さらには将来性などついて評価されて、1位から3位まで順位をつけて表彰され、奨励金をもらうチャンスもあります。これに選ばれることを目指して、皆さらに磨きのかかった発表をするようになります。このセッションでは、厳選され優れた発表を聴くことになるので、本当に勉強になります。

私の教え子の一人、循環器内科の先生にはYIAに二つの演題を通し、1位と3位を獲得した優秀な研究者もいます（その後、同じ研究者が二つ取るのは原則に反するとのことで、ルールが変わる動機にもなったほどです）。いずれにせよ、**良い演題を作成し、魅力ある発表をすること、そしてそこで繰り広げられる質疑応答にしっかり対応することが大切です。私は指導者として、発表だけに終わることのないよう、そこでの発表内容を論文化することも心がけるように指導しています。演題が採択され、発表当日までに論文を作成しておくことが、研究内容をよく整理し、より完成度の高い発表ができるように思えます。**

SNMMIには種々の学会賞があります。その中でも由緒あるものに、George Hevesy Nuclear Medicine Pioneer Awardがあります。教育研究に優れた功績のあった人に大会長の権限で毎年1、2名の受賞者が選出されます。1998年にStrauss先生が大会長の折に、この名誉ある賞を私が授与する機会に恵まれました。4000名を超える参加者の集う開会式直後の授与式で演壇にあがり、りっぱな盾を授与されるのは名誉なことでした。Strauss 先生は私を紹介する際に、これまでの京都大学での心臓のSPECT、PET に関する研究と共に、若手研究者を教育指導してきた点を強調して皆に紹介していただきました。私を選んでくださった Strauss 先生には大いに感謝しています。他方私が日本医学放射線学会総会の会長の折には、この学会の名誉会員として Strauss 先生を選出させていただきました。少しは恩返しができたと思っています。

またこの学会の中でも心臓核医学のセッションでは、10年ほど前から Hermann Blumgard Award が設けられていて、心臓核医学領域で顕著な業績を上げた人を委員会で決めて受賞式を行っています。２００９年には私がこの賞を受賞させていただく機会に恵まれました。こちらは受賞後に受賞者講演があります。私はここで、北海道大学で進めている心筋血流定量解析や分子イメージングの最先端の研究の紹介など、将来展望を語らせていただきました。米国の学会ということもあり、このような大きな学会賞はほとんど米国人（たまに欧州人）が受賞しています。私のこの二つの受賞は、どちらも日本人（アジア人）初でした。その後日本側の優れた研究者は輩出しているものの、残念ながら上記の二つの賞で日本人を含むアジア人はまだ受賞していません。日本からの研究も磨きがかかってきているし、近いうちに受賞者が出てくることを心待ちにしています。またそれを目指して優れた日本の研究者を育成し、かつ欧米の研究者にもアピールして行きたいものです。

米国核医学会では、日本からの多くの参加や演題応募を高く評価してくれています。最近では米国核医学会と日本核医学会との交流も深まってきています。毎年大会長およびその学会の要人同士が集まり、意見交換をする場が持たれています。相互の課題を相談したり、こちらからはジョイントセッションの提案をしたり、と有意義な会合を持てています。この10年あまりの間、米国の学会に日本核医学会からジョイントセミナーのセッションを設けてもらっています。両者の共通の話題の中から、日本独自の活動を紹介する教育セッションです。もちろんこの教育セッションは、他のセッションと同様に学会に提案して、審査を受けて高い競争の中で選抜されたものです。特に2011年の福島第一原子力発電所の事故とその後の放射線汚染についての日本の対応は、このセッションで紹介させていただき、会場が満杯になるほどの参加者を得ました。どれほど日本での様子や学会の対応が注目を浴びているかを知る絶好の機会となっています。

東日本大震災とそれに伴う福島第一原子力発電所での災害については、米国核医学会から温かいご支援と深いご理解をいただきました。その御礼もかねて、私自身が日本核医学会理事長として２０１１年の米国の学会のオープニングにおいて、謝辞の手紙を読み上げ、大会長に手渡すことができました。晴れがましい舞台であり、周囲の多くの方々にお褒めの言葉をいただきました。

他方、私が大会長として札幌で開催した２０１２年の日本核医学会においては、米国核医学会の主要な方々をお招きしました。また分子イメージングネットワークのセッションを独自に企画しました。日本の学会で、かつ最終日にもかかわらず、１００名を超える方々の参加があり、意欲的な発言が次々と出て、好評を博しました。その後も学会同士の意見交流の場は継続しており、２０１２年の私が会長の学会は、その口火を切るよい機会となったと思っています。

他方、米国核医学会でも海外からの多くの参加者を巻き込んだ、種々な取組みが増加する傾向が強くなっています。日本核医学会から提案しているジョイントセミナーも、この10年来毎年継続していただき、日本の先駆的な研究を米国の学会で紹介させていただだいています。前述したように、米国の学会でも、海外からの参加者や貢献を積極的に取り入れようとする傾向にあります。その一環でしょうか、２０１６年からは米国核医学会では Highlight Country の制度を導入することになりました。毎年ひとつの国に焦点をあてて、その国や研究活動の紹介などを積極的に取り入れようとするものです。その最初の国に日本が選出されました。

学会開会式セレモニーでは、日本を紹介する機会があっただけでなく、ジョイントセミナーでは、日本からの数多くの提案の中から、六つものセミナーを採択していただきました。日本が世界をリードする先駆的な研究分野を紹介する、よい機会となりました。この学会を通して、日本の研究活動をアピールするよい機会となっています。その成果のひとつとして、念願だった２０２２年の世界核医学会を日本に誘致することに成功しています。

米国核医学会でひとつ、私は大切な役割を演じる機会に恵まれました。長年にわたり、この学会の最後に Highlight Talk として、Henry Wagner 先生が90分間でその年の総括をしておられました。これさえ聴けば、その年の学会の全体を理解する上で役立つというので、多くの聴衆が聴き入っていました。しかしWagner先生が退職された後、この仕事を受け継ぐ人がいなくなりました。これだけ全体をカバーしてまとめる作業をできる能力の方はどこにもおられません。仕方なく、脳神経、循環器、腫瘍、一般の四つの部門にわけて、それぞれの担当者がまとめの講演をするようになっています。

このWagner's Highlight Talkの中の循環器領域を、私が2016年と2017年に2年連続で担当することになりました。この学会に採択された多くの演題から、要約のスライドを集める作業から始まります。そしてそれらを単に紹介するだけでなく、全体の流れや最後のまとめも含めて講演を仕上げていくのです。言葉で説明するのは簡単ですが、ものすごい時間とエネルギーをとられます。実際にスライド送付の依頼をかけても、自分の発表で忙しいのか、スライドを送ってくださる協力者はほとんどありません。また送っていただいても、届くのが学会直前や当日のこともあります（Wagner先生のご苦労をあらためて痛感しました）。仕方なく、自分なりに多くの演題をにらんで全体の流れをつかみ、特に重要と思われる演題には、私から直接再三にわたって発表要約のスライド送付を依頼するようにしました。こうしてようやく手元に集まったスライドを自分なりに整理して、発表しました。発表は30分と短い割に、大変な労力を要しましたが、皆さんに喜んでいただいたようで、ほっとしました。でも発表が終わると、ほっとしたのはつかの間で、その内容をJournal of Nuclear MedicineにNews Lineとして掲載する機会もいただいています。最後の2年間のこの役目は突然舞い込んだ重要な用務ですが、なんとか作業の要領はつかめました。またこれも普段ではできない、貴重な体験だと思っています。

このようなSNMMIでの**日米の深い交流は、先輩諸兄が長年努力してこられた賜物でしょう。これは近年急速に発展している韓国や中国にはなかなか真似のできない関係だと思います。現在私たちの世代で、日米間の学会交流は大きく発展しつつあります。ここで得られた太平洋の懸け橋を、さらに次の世代が引き継ぎ、さらに発展させてほしいものです。**

日本の学会も最近ではグローバル化が進んでいて、海外からの招待講演だけでなく、一般演題などの発表を英語で行う傾向が少しずつ見られるようになってきています。これによって近隣のアジアからの参加者も増えるようになってきました。日本人にとって英語での発表はストレスのかかるものですが、より多くの方々に知っていただくためには、英語での発表と質疑応答の練習は体得しておく方がよいと思います。もちろん、海外での一流の学会に演題を出して発表することが、おそらく一番近道でしょう。でも国内の主要な学会で英語のセッションがあるなら、そこで発表するのも身近でよいでしょう。前述しましたが、わかりやすい発表をして、フロアから質問があり、さらにはそれらに対してしっかりと受け答えができれば、その発表は極めて高く評価されます。

私は2012年に第52回日本核医学会総会を札幌で主催しました。特別講演としては、ノーベル化学賞を受賞された北海道大学の鈴木章名誉教授にご講演いただきました。企画したシンポジウムのうち、ひとつは英語で発表と討論を行う新たな試みを実施してみました。若手中堅はあまり抵抗なく、上手に英語での講演、討論をしていました。何よりこの英語での討論に加わったSchwaiger先生が感心していました。さらには日本と欧米の専門家を交えた国際シンポジウムも実施し、実りある意見交換がされていました。

もうひとつ、日本医学放射線学会総会という学会も、2016年に主催しました。

参加者は関連学会等を含めて2万人を超える国内最大級の学会で、札幌ではなく横浜での開催です。学会では私の恩師のStrauss先生をはじめ、長年交流を深めているSchwaiger先生やCarrio先生などを含む、30名を超える海外招待者をお招きしました。また新しい試みとして、海外で活躍している日本人スタッフの8名の方々に海外での生活ぶりを紹介していただきました。彼らの多くは若い頃留学を経験したのち、海外のスタッフに上り詰めた優秀な方々ばかりです。この方々の話を聴いて若手研究者が刺激を受けて、海外留学の動機としてくれれば、との思いを込めて企画しました。この会場は超満員で大変好評でした。日本医学放射線学会では、発表スライドはすべて英語となっているだけでなく、発表自身も英語でされるものが約30％に上っていました。また九つのシンポジウムのうち七つは、関連する海外招待講演の直後として、総合討論では招待講演者も加えて実施してもらうようにお願いしました。このような国際色豊かな企画を立て、早くからホームページで宣伝を重ねたことも功を奏したようで、アジアからの参加者がかなり増えていました。この学会での参加者がこれまでの最大記録になったとの、うれしいニュースも飛び込んできました。

なおこの学会の会長招宴に、前述したように私のあこがれのさだまさしさんをお招きしました。ここで皆がうっとりする魅力ある歌と楽しいトークを披露していただきました。さださんは事前打合せの折、英語でやりましょうか、と冗談交じりで話されましたが、もちろん日本語でゆっくり歌い、お話ししていただきました。

9　留学後は成果があがる

留学から帰国後の数年間は、留学の経験を活かして国内での研究を加速することで、初めて留学経験の成果が発揮できるチャンスです。その分野での課題や注目されている領域がよく見えるはずです。留学の効果を最大に生かして、世界に向けて自分自身の研究を大きく発展することのできるチャンスです。場合によっては発起人となって国内外の研究者を集めて共同研究などを推進することも可能となります。留学の経験を活かして、さらに研究や教育に力を注いでいただきたいものです。さらには前述したように、留学の際に築いた人間関係も上手に生かしてみてください。留学後も関連するいろいろな海外の学会に参加する機会も多いでしょう。そこでも留学の経験を活かして、さらに広い研究者間の人間関係を広げてください。お互いに助け合って、研究成果をあげることに役立つはずです。あるいは論文投稿する際にも温かい支援を送ってくれるかもしれません。また**研究を伸ばすためには、さらに勉強を深めて最先端の情報と動向を的確に**

把握しておくことも大切です。

私の場合、帰国後の京都大学での9年間は、留学前の大学院の4年間と同様、自分の研究者としての人生の中で、最も研究成果の上がった時代でした。特に循環器領域のPETや新しいSPECT製剤など、先駆的な研究成果を次々にあげることができました。公表した論文も、引用回数が200回を超えるものを数多く世に出すことができています。また若手研究者の研究指導も進み、優秀な人材を育てることができました。さらには海外の研究者との間の交流も進み、京大や北大をはじめ、多くの若手研究者の留学のお世話もしています。

留学後は、さらに若手の教室の人々に指導をしてきました。また学生教育や大学院教育にも、すこし幅をもって創意工夫をした授業や実習を行ってきています。私の教え子たちの中でも、留学を終えて国内外で活躍している人々の活動を目にするのは、なんとも言えず頼もしいものです。最初の教え子の一人であるT君は、これまで進めてきた核医学的手法で学んだことをCTやMRIに活かした新しい分野に挑戦してくれました。ハーバード大学に留学して帰国後、循環器画像診断で大いに活躍し、現在京都市内の

PETを有する画像センターで活躍しています。K君は世界のPET研究のメッカであるUCLAに留学しました。彼の留学中の業績は、指導者のHeinrich Schelbert先生が高く評価してくれました。彼の故郷は長崎で（長崎大学附属中学校の私の後輩でもありま す）、ご実家の関係でいずれは長崎に帰りたい、との意向を伺っていました。留学で大きな成果をあげた後、ちょうど長崎大学に新設の講座ができ、そこに初代教授として着任してもらうことができました。

腫瘍PET領域では著名なミシガン大学のRichard Wahl先生と親しかったこともあり、京都大学から3名の若手研究者にミシガン大学に留学してもらいました。私自身が京大において、彼らの大学院生時代に研究指導をする機会に恵まれました。彼らはいずれも独創的で、優れた研究論文を公表しており、Wahl先生から高く評価していただき、喜んで面倒を見てくださいました。彼らは帰国後、それぞれに腫瘍PETの専門家として活躍しています。彼らには私が北海道大学に移るというので、いろいろと心配をかけました。でも同じ国内であり、種々の面で研究などの支援ができることを伝えておきました。確かに現在でも彼らとは密に連絡を取り合っています。その中でH君は帰国後、滋賀成人病センターや放射線医学研究所で甲状腺がんの内用療法をはじめ、新しい核医学内用療法について指導的立場に立っています。2016年からは北大の非常勤講師になっていただき、講義もお願いしています。T君は帰国後、浜松医大で腫瘍PETの発展に大きく寄与してくれました。またN君は、京都大学で核医学部門のリーダーとして活躍しています。N君と私は、この数年ペアで京大の4年生の核医学の講義を担当しています。この機会を活かして二人で魅力的な講義に取り組んでいます。その成果があってか、彼の元には多くの大学院生が集まってきていると伺っています。

他方、長年親しくしているドイツのミュンヘン工科大学のSchwaiger先生の施設に、私自身が短期留学したことがあります。その後、同施設との人事交流を進めました。Schwaiger先生と相談した結果、お互いの教室から一人ずつ順次教室員を交換派遣しています。現在まで3名の教室員が、Schwaiger先生のいるミュンヘン工科大学の核医学教室に相次いで留学しています。S君の留学は6ヵ月とやや短いものでしたが、基礎から臨床研究に至るまで、いろいろな経験をしてきました。T君はPET-MRIという、最新装置を使った研究の最前線を見てきました。さらには最近留学したO君は、ちょうどドイツで先駆的な研究のはじまった前立腺癌の新しい診断、治療の手法を学ぶ機会に恵まれました。これらドイツから持ち帰った研究は北大でその後の研究に活かされています。他方、ミュンヘン工科大学からも、3名の若手研究者が交代で北大核医学教室に来ています。3ヵ月から6ヵ月と日本での滞在はあまり長いものではありませんが、それでもこちらで与えた研究テーマを要領よくまとめ、短い期間で論文まで仕上げています。何より北大の教室が国際化され、気軽に英語で意見交換する雰囲気ができたことはうれしいものです。

もうひとつボストン留学時代に私なりに勉強したことがあります。**それは優れた研究の推進に重要になる周囲との連携です。私の所属する核医学や放射線医学の領域は、内科、外科など大きな専門分野に比べてまだまだ小さいものです。自分たちの存在意義、価値を広く周知するには、まず関連する他の分野に出向いて共に作業をしつつ、自分たちの活動をアピールすることではないでしょうか。診療面はもちろん、研究面でも同様のことが言えます。若手の諸先生に強く推奨しているのがこの点です。自分の専門の学会で発表するのは当然でしょう。でもその内容を広く知っていただくためには、臓器別**

（専門領域別）の専門の学会や雑誌に対してもアピールすることが大切だと考えています。私の場合は循環器学会を活動の場としましたが、それぞれの専門の領域の中で自分の研究がどの程度評価されるのかを見ること、そして専門家と意見交換をすることで新しい観点で研究を発展させることもできます。また種々の研究会やセミナーに声をかけていただいて、さらに人間関係も広がっています。

論文についても同様で、臓器別の雑誌は読者層が広いです。自分の研究を方法論として核医学や放射線科の専門雑誌に公表することはもちろん重要ですが、その臨床的な価値を広く周知するには、読者の多い各専門領域の雑誌への掲載を試みるべきでしょう。私はボストンの留学から帰国して、当時話題の中心となっていた心筋生存能（バイアビリティ）の評価を主たる研究テーマとしていました。帰国後、主な研究成果のひとつをRadiology（画像の専門領域では最高レベルの雑誌）に投稿しましたが、あいにく採用してもらえませんでした。この悔しさをバネにして、さらに雑誌のランクの高いCirculation（循環器専門領域では最高レベルの雑誌）に投稿したところ、すんなりと掲載までこぎつけました。このおかげで、循環器や放射線関連の幅広い読者に読んでいただき、私の研究発表した内容を広く周知できました。専門領域の雑誌の方が読者も多く、研究内容を広く知っていただくことができます。その後は自分なりに論文の内容に応じて、循環器系の雑誌や放射線・核医学系の雑誌をうまく使い分けるように努めています。

学会発表も同様なことが言えるでしょう。多くの核医学や放射線科の研究者が、その**本来の専門分野の学会発表するのは当然です。しかしできれば領域別の専門分野の学会にも積極的に参加して、意見交換をし、できれば研究成果を発表することが大切だと考えます。**私が循環器の多くの方々に自分の研究の内容を知っていただいているのは、若い頃から循環器関連の学会に参加し、一般演題を出し、時にはシンポジウムなどにも加えていただいたことが大きく影響していると思います。同様のことは腫瘍や脳神経領域の画像診断を専門にしておられる諸先生方も当てはまります。癌治療学会や神経学会など、領域別の大きな学会には積極的に参加して、研究や理解の輪を広げていくべきでしょう。

留学から帰国した1986年から、北海道大学に異動した1995年までのこの10

年間が、自分自身の研究が最も発展した時期となりました。これらの研究の多くを一流雑誌に公表してきました。その多くは今でも注目を集めており、かなり高頻度に論文引用をしていただいています。世界中の多くの方々に理解していただいたことをうれしく思っています。

10　教育の醍醐味

大学の大きな役割は最先端の研究の推進と、それを担う若手研究者の育成です。研究と教育とは表裏一体の関係にあります。大学は一般に評価の対象となる研究に力が入ります。他方、教育は評価の対象とはなりにくいものの、その意義は極めて大きいものです。自分とその周囲の研究の発展を目指すことは当然でしょうが、大学の本来の目的は若手の教育です。自分の経験を活かして、次の世代の育成のために、優れた教育を施してもらいたいものです。魅力ある教育をするためには、さらなる勉強が必要になります。大学人として勉強は、一生続くものと考えます。

大学で長年過ごしてきた私は、人材育成には特に力を注いできました。ずいぶん昔の映画で、高峰秀子主演の『二十四の瞳』があります。高峰秀子演じる新任の先生が戦前、小豆島の小学校に赴任して、12人の子供を教えます。子供たちは成長しますが、その間戦争を経て皆ちりぢりとなり、異なった人生を歩むのですが、戦後残った人たちが先生を囲んで同窓会をします。その時盲目の生徒の一人が、昔の学校時代の写真を鮮明に覚えていることに皆感動します。このようなストーリーだったでしょうか。昔のことを思い出すシーンでは見ている人の多くが涙します。この映画を見て先生にあこがれた方々も多いのではないでしょうか。まさに教師の鏡となるような話でした。

大学の先生は、小学校から高等学校の先生と異なり、教員の資格を有していません。まして医学部・医学研究科の教員は、その多くが大学病院での診療に忙殺されて、残り少ない時間を研究に没頭するため、教育には十分な時間を割くことができませんし、関心のない人も多いでしょう。しかしだからと言って、大学での教育をいい加減にしてもよいというわけにはいきません。**大学の教育の重要性は以前より叫ばれており、最近では医学教育センターなど専門家の育成が進んでいます。教育の重要性が指摘されると共に、学内外でも評価を受けるようになってきています。**

私自身附属の学校で優れた諸先生に恵まれ、実りある教育を受けており、教育の価値は人一倍認識しているつもりです。私自身の京都大学の学生時代を振り返ると、当時の教員の多くは、授業で一般的な医学の知識を与えることを最小限に留め、ご自身の研究の面白さを語っておられたように思います。私たちは一般の勉強は独学でせざるを得ず、大変でしたが、他方たまに面白い最先端の研究の話に出合うと、あこがれたものです。私たちの世代は大学生の頃から貪欲に勉学して、できれば一流の研究者になってみたいとの、上昇志向が強かったのかもしれません。最近の大学生にはその意欲はやや薄れているような気がして、将来を危惧しています。決して学力が低下したのではないと思いますが、確かに30～40年前に比べると学ぶべき分量が大幅に増大していて、昔のように余裕のある勉強ができにくくなっているのかもしれません。教員がしっかり大切なポイントを指摘し、わかりやすい教育・指導をしないといけない場合も多くなったように思います。母校の京都大学でも、毎年一回核医学の講義を担当しています。その折、重要なポイントを指摘すること、シンチグラムの読影法を教えるために実際に学生に読ませること、そして最先端の話題について紹介することは欠かさず行っています。幸い学生からは、極めて高い評価を得ているようです。やはり古今東西を問わず、学問の面白さを語る意義はあると思っています。

大学の90分の講義をどのように利用するかについて、各々の教員の先生方は創意工夫されていることと思います。パワーポイントで資料を配布し（配布する先生はまだよい方かもしれません。配布もしないで話しっぱなしの先生もおられるようです）、最初から最後までそれについて説明して終わる先生も、しばしば見受けられます。果たしてその中でどれほど学生は習得するでしょうか。90分は長く、単調で一方的な講義では、学生が集中できません。数年前に東北大学で授業を担当したことがありましたが、この大学では90分では無理があるというので、60分で授業を区切っていました。まさに一日6時限まである、高校の授業を彷彿させるようなカリキュラムでした。多くの先生方は、授業の合間にリラックスできるような世間話や自分の経験談を語られるようです。これも一策でしょう。覚えるべきことは、簡潔にポイントだけを述べて、残りで最新の話題を提供することもよいでしょう。40年前の京都大学の基礎の授業の多くは、動物実験などを主体とする最新の話題が数多く包含されていたように思います。学生として興味をもったのは10％程度でしょうが、この内容に魅了されていたように思えます。

学生の授業の折には、出席表にその授業の評価と共にアンケートをとり、必ずその授業に対するコメントをもらっています。もちろん記名入りのアンケートなので、厳しい

批判は少ないのですが、それでも参考になる意見が多く、次の授業の改善に役立てています。その中で、知っておくべき事柄だけでなく、最先端の研究内容が面白く、これらについてもっと知りたいとする意見が多いようです。学生からは淡泊な知識だけでなく、理論に基づいた学習や新しい動向を知ってみたいという意欲を感じます。これに基づいて私も大切な事柄を整理してしっかり伝えると共に、必ず学生が興味を示す最先端の内容を含めるようにしています。またリラックスして聴ける雑談も人気があるので、留学体験やPETの話題などもふんだんに交えて、退屈をしない90分になるように心がけています。

私自身は担当する核医学の中で、急速に普及しているPETのことはもちろん、最新の話題の脳アミロイドβイメージングや診断から治療への融合の話など、最先端のテーマを紹介しています。私の講義では必ず**最初に要約（レジュメ）をプリントで紹介した後、パワーポイントのスライドで画像を含めた解説をして、最後にはTeaching pointで覚えるべきことを整理しておくようにしています。もちろん、時間があれば画像の読影を学生にしてもらったり、問題を出して考える時間を作ったりと、学生とのキャッチ**

ボールができるようなインタラクティブな授業になるように時間を取っています。このように90分間を上手に使って、授業を進めるようにしています。特に退屈になりやすい個所には、すこしユーモアを交えた雑談も必要でしょう。たとえばPETについては、必ず我が家のペットの写真を出して説明しています。我が家のペットには犬だけでなく、フェレット（イタチの一種）もおり、紹介しています。たまたま、そのペットの名前も紹介したこともありましたが、数年後実習に回ってきた学生は私のペットの名前をしっかり覚えてくれていて、感動したこともあります。学生には常日頃から〝北大生ならPETを知らんかったら卒業させへん〟と豪語しているのです。我が家のペット、PETの最新の話題、PETが役立った症例などを何度も紹介し、繰り返し試験などに出すなどの強い刺激により、北大生の多くは10〜20年間くらいPETのことを忘れないでおいてくれるでしょう。

他方、少人数で行う臨床実習（ベッドサイドティーチング：BST）は、学生と密に接することのできる貴重な経験です。私が最も楽しんで教育に取り組む場でもあります。京都大学時代には、腹部超音波の実習を行っていました。学生の一人にボランティアとしてお腹を出してもらい、そこに超音波の機械をあてて、残りの皆でかわるがわる実際に装置を操作してもらってました。肝臓、胆嚢、膵臓、腎臓などリアルタイムで得られる画像の面白さを、十分に認識してもらうように努めました。北海道大学では、核医学の連続した画像をあたかも臨床の医師として読影するような環境を作っています。実際には各自にワークステーションを与えて、自分で操作して病変をみつけ、それについて説明できるような実習を行っています。また最初に症例の説明と質問を与えて、自習時間も十分与えた後、総合討論をして相互的な対話を行うように努めています。学生からの思いがけない機転の利いた考え方や解釈をできるだけ尊重しつつ、楽しく実習を進めています。臨床実習は、1対100人（教員対学年全員）ではできない貴重な体験であり、意見交換を通して重要な学習ポイントはもちろん、将来の研究に発展するような展望も伝えることができるように思っています。もちろん時間とエネルギーは相当なものです。でもその中から次世代を担う優れた臨床医や研究者が育ってきています。周囲の教員にも伝えていますが、**少人数制の教育ではお互いの意見交換の場は必要でしょう。また大学院講義やセミナーでは少人数になることも多く、対話型教育や最先端研究**

の紹介などを通して、皆に考えてもらう機会を大いに取り入れていくべきでしょう。

教員が学生を評価するのは当然ですが、学生からも教員を（正当に）評価することも重要でしょう。ハーバード大学に留学していた折に、Strauss 先生の講義の評価がどのようであったかを、ご本人から直接教えていただいたことがあります。ハーバードの学生からかなり厳しい指摘がされていたようです。先生は大変反省をされ、時間をかけて次の準備をしておられたのが印象的でした。日本もこのような制度を大いに見習うべきでしょう。**教員が学生を評価するのと同様、教員の授業に対する評価を正当にするのも大切でしょう。その上で意欲的な講義や講義演習を創意工夫しておられる教員に対して正当な評価をします。そして厳しいコメントに対して改善を指導すること、逆に優れた教員に対してインセンティブがつくような仕組みが必要だと考えています。**

大学での教育の成果のひとつは、若い人材がその魅力を感じて集うことではないでしょうか。核医学で魅力ある講義やセミナーをすることで、これを専門にしようと飛び込んでくれる医学部卒業生や、若手研究者が集まります。おかげで小さな教室ながら、これまで多くの若手教室員が集まり、優れた専門医や研究者を養成することができています。また核医学を専門とはしなくても、内科や外科などでPETの意義や核医学が与える機能情報の意義をよく理解しています。日常臨床に活用してくれる臨床医やPETなどの手法を活かした研究者に進む人が、京都大学や北海道大学から育ってきていることは何よりうれしいものです。また他の専門家から、PETや他の核医学検査で共同研究しようとの提案を受けることもあります。私の方針としてオープンな教室運営をしており、このような共同研究の話はできる限り受け入れるようにしています。これまで多くの大学院生の学位取得に、核医学の手法は大いに役立ってきましたし、数多くの共同研究も生み出してきています。

他方、放射線医学教室と協力して、英語のセミナーを数年間実施してきました。この分野に関係の深い若手研究者だけでなく、興味をもつ関連分野の先生方もテーマを選んで聴講してくれました。その他、ほとんど面識のない留学生が参加してくれました。あとで聞くと、北大医学研究科に同様の英語のセミナーが少ないのだそうです。大学教育のグローバル化が叫ばれ、外国人留学生の数が大学評価の大切な指標のひとつとなっています。その割に英語の講義やセミナーがまだまだ少ないと思います。英語セミナーを担当して感じたのは、英語での質疑応答や討論は案外積極的に話しやすく、日本語より率直に意見が言える場合が多いということです。スタッフの多くは当初このセミナーの講師を担当するのを躊躇していましたが、最近英語で講演する機会が増えていることも手伝っているのか、セミナーの準備は役立つし、英語での意見交換はよい練習になっているように思えます。**このような英語のセミナーが数多く実施されて、教育のグローバル化が進み、日本からの留学組や海外から日本に来る留学生が増加することを願っています。何度も言いますが、大学でこのような魅力ある教育を実践するためには、教員はますます研鑽を積んでいく必要があります。**

11　価値ある論文を掲載するために

研究成果として皆さんが大切にしているのは論文発表でしょう。前述しましたが、学会で優れた発表をしたら、その成果を生涯残るように論文化することが大切です。もちろん学会発表よりも早く論文化することに集中するのも、ひとつの考え方です。**学会発表と異なり、論文ではあらゆる角度から批判を受け厳しく評価されて、それに耐え抜いた高いレベルのもののみが論文として掲載されます。また掲載される雑誌のレベルが高いほど、投稿する論文に対して厳しいコメントが届きますし、それに対応するために苦労が必要です。それだけに自分の論文がレベルの高い雑誌に掲載される時の喜びはひとしおです。学会発表と異なり、論文はその人の生涯の業績として残ります。**

私自身が編集活動を長年務めていることもあり、どのようにしたら良い論文ができるか、あるいは論文を通すにはどうしたらよいかを尋ねられることも多くあります。

まず研究成果をまとめる際に大切な四つのキーワードがあります。

①Was this new?（その結果に新規性はあるか？）

②Was this true?（その結果は真実か？）

③Was this clear?（その結果は明快か？）

④Was this significant?（その結果は価値があるか？）

これらは前述の Wagner 先生の本から教えていただいた基本的な考えです。これら論文の新規性、信頼度、明確さ、重要性は論文の価値を判断する上で基本的なポイントとなります。この基本的な観点から論文をまとめていくべきです。他方査読する方もこれらの観点で採点をしていきます。従ってこの四つの観点は極めて重要といえます。

簡単に説明しておきます。研究を始める際には、取り組むテーマについて文献などで、これまでの経過を詳細に調べておく必要があります。自分の研究で得られた成績が新しいものかどうか、の確認が必要です。大切な研究内容であっても、すでに同じ報告がなされている場合には、論文報告する価値はほとんどありません。たまに過去の報告と同じ結果であったとする、第二の報告も散見されますが、その価値は最初の報告に比べて、ぐっと下がってしまいます。常に新規性の高い研究に取り組み、得られた成果がいかに新規性のあるものであるかを強調してほしいものです。

次に新しく得られた結果が、本当に正しいのかどうか、の確認が必要です。実験ならば追加実験が必要でしょう。臨床成績でも同様で、結果を導き出した過程に誤りがなかったのかを、注意深く検討・確認してほしいものです。数年前、理化学研究所の小保方さんによる、世間を驚かした事件を思い起こします。いくらその結果が正しいと主張しても、追加実験でその再現性が確認できない成果には、信頼がおけません。新規性の高い結果ほど、細心の注意を払って、確認することが大切です。

三番目の論文の明確性も大切です。論文を読んでいて、著者が何を言おうとしているのか、不明瞭な論文をしばしば見かけます。このような論文は、批判の的となります。新しい成果を導き出した方法を他の人が追従できるように、方法を明確にすることが必要です。また図表は効果的に提示して、結果を明確に示しておくことも大切です。

最後に、得られた結果がどのように役立つのか、どのようなインパクトがあるのかについても、明確に議論することが大切です。論文のための論文というのではなく、この論文の結果からその分野がこう発展するぞ、社会を大きく変革するぞ、というくらいの強いメッセージを示してほしいものです。社会的なインパクトの高い論文ほど、著名な雑誌に掲載され、より多くの読者から称賛されるように思えます。

私自身学会などで、よい論文を掲載する方法なる講演をしたこともあります。またEJNMの編集長のCarrio先生を、先日私の主催した学会にお招きし、〝How to publish good papers〟なる講演もしていただいています。私たち二人の意見は共通するものがあるので、ここで論文作成についての注意点をあげてみましょう。

①タイトルは一目で内容のわかるものを選ぶこと。また要約には要点を簡潔にまとめること。この二つで論文の採否はほとんど決まる（査読者は多忙な方が多いため、この二つが魅力的でなければ、その後は真剣に読んでくれない）。

②背景では、この研究を実施するに至った経緯と目的を簡潔に示す。

③結果の図表はわかりやすく整理すること。一目見て結果が把握できるように。

④討論では得られた結果の重要性、新規性、信憑性を明確に示すこと。特に自分のデータを中心に語ること（日本人はつい他人の報告を中心に議論しがち）。研究の限界も重要だが簡潔にとどめて、むしろ将来展望を記載できればよい。

⑤結論は背景で示した内容と整合性がとれていること。

先ほど示した四つのキーポイントに共通する考えであることが納得できるでしょう。また論文を投稿する際には次の点にも注意してください。

①投稿する前に必ず関連した他の人に一通り論文をみてもらい、誤りを訂正すること（文法も含め誤りの多い論文は、その評価も落ちる）。

②指導者と相談して、その論文にふさわしい雑誌を選択して投稿すること。

③論文が不採用の場合、反論を返してもよいが、決して感情的にならないこと。感情的な反論は役に立たない。

④修正を求められた場合には、査読者（編集者）の意図を汲んで誠意をつくして対応、修正すること。その対応次第でその後の採択へつながる。このプロセスが3、4回に及ぶこともあるが、採択の最終返事をもらうまでは十分注意して臨むこと。

雑誌の編集活動を介して、国際的に種々の編集活動をしておられる方々と交流する機会もしばしばあります。とある著名な雑誌の編集長から伺った話ですが、それぞれの国から投稿されている論文について、同じ国の編集委員や査読委員はその論文を褒めて高く評価する傾向があります。自国の論文を高く評価してほしいという当然の表れでしょう。ところが日本からの論文を日本人の査読者に依頼すると、多くの場合厳しい評価が返ってくるのだそうです。どうして日本人は自国から投稿された論文を支援しないで、厳しく扱うのでしょうか、とその編集長は残念がっておられました。お互い競争の中で揉まれているだけに、他を抑えて自分だけ前に進もうとの自己中心的な考え方がその背景にあるのでしょうか？　確かに私の関係する核医学関連でもその傾向はあるのかもしれません。Carrio先生は日本からの論文を、好んで同じ日本人にも査読させているようです。高い評価を受けるのは当然で、その点も考慮して総合的に評価しているようでした。その場合、同じ日本人が厳しい採点をすれば、その論文がより厳しい環境にさらされていることは当然ではないでしょうか。

私は編集委員や査読委員を長年務めてきており、多くの若手の日本人の論文を見てきました。日本人の優れた論文が投稿され、掲載されていくことは大変うれしく、施設は違っても誇りに思う一人です。査読のコメントもできるだけ論文が改善されるような建設的・教育的で今後に役立つ意見を記載するように努めています。この傾向は当然私の愛する自国の論文に対しては強いものがあるでしょう（多少バイアスがあるのは仕方ないと思っていますし、他の国々の人は当然そのようにしています）。査読をする際、単に対象となる論文を不採用にするために批判を並べるのではなく、教育的な配慮から論文の結果の追加や、考案の掘り下げなどを指導することが重要でしょう。私が編集委員をしているある米国の学術雑誌では、査読がいかに教育的な配慮をしているかを、客観的に評価する制度を取り入れています。このような教育的な配慮を受ける方も、今後の論文作成や投稿の際に役立つでしょう。

最近の傾向として、日本からの投稿、掲載数が減少しています。私の関連の核医学・放射線医学でも、また循環器病態学でも同様の傾向があります。これは研究が急速に発展している中国や韓国に比べ、日本だけが目立って減少しているようです。おそらく他の臨床系の多くの分野でも同様の傾向があるのではないかと危惧しています。この原因はいろいろ考えられますが、最大の理由は若い人々の研究離れではないか、と危惧しています。それ以外にも、最近の若い臨床家が診療にかなりの時間を取られ、研究する時間が減少していることが一因だと思います。しかし医学論文に限らず、生命科学全体の論文投稿数が減少していることを考えると、もっと根本的な原因がありそうです。他方、臨床の主要な論文は、欧米を中心に多施設共同の前向きな臨床試験が高く評価されます。

それに対して、日本ではそのようなレベルの高い臨床研究がまだまだ実施しにくい環境にあること、仮になされたとしても優れた立案能力者や統計学者が少ないために、なかなか高く評価されていないことなどが背景にあるようです。**幸い基礎医学、生命科学では日本の研究が高く評価されています。これに感化されて、基礎から臨床への橋渡し研究が進むことを期待しています。何より若手の多くの臨床家、臨床研究者には、世界中の研究者から注目を集め、一流誌に論文を掲載されるような論文を作成することの喜びを味わってほしいと心から願っています。また指導する人達が、若手研究者の研究や論文作成指導をしっかりとし、よい論文ができた時に高い評価を与えて、インセンティブを付与してほしいものです。**

論文をよく書いておられる研究者に大切なことを述べておきましょう。**自分の関係の論文をひとつ書くには、それに関連する10～20倍の論文を読んでおく必要があります。**

また1編の論文を完成すると、その10～20倍の数の他人の論文の査読をする機会が回ってきます。他人の論文を評価すると、その優れた点や問題点が見えてきます。それらを指摘する作業を通して、自分自身の論文作成や論文修正に大いに勉強になります。そしてそれが次の論文書きのよい動機や参考になるでしょう。実際私の場合、これまで直接研究に関与した公表論文は100を超えています。このような査読の機会が増えて、よい勉強をさせてもらっています。さらには英文雑誌の副編集長や編集長も何度か経験しており、それらの雑誌に投稿されて関わった論文数は1000を超えるでしょう。担当編集者として、一定の基準に基づいて、できるだけ公平な論文の評価をすることを心がけています。特に著者に対してはよりよい論文になるように、できるだけ建設的かつ教育的なコメントをするように努めています。対象となる論文がこれで改善されること、また次の新しい論文作成に取り組む際に、参考にされることを期待しています。これも研究者への教育の一環だと考えています。

12　若者よ大志をいだけ

若者よ大志をいだけ（Boys, Be Ambitious!）は、北大創設（札幌農学校）の時代に訪問された William Clark 博士が、北大を去る際に語った有名な言葉です。北海道大学の正面入り口にある中央キャンパスの芝生には、この言葉をつづった石碑があります。北大ではフロンティア精神を大学の理念のひとつとして掲げています。大学に入学する学生は、無限の可能性を秘めています。北大での研究の成果からノーベル賞を受賞された鈴木章名誉教授も、私の主催した学会の特別講演の中で、〝夢をいだいて研究を推進しなさい。そして研究の途中で思いがけない成果を得たら、それを熟慮し大切にして、優れた研究に繋げなさい〟と述べておられました。医学部や医学研究科大学院に入学した人も、そこで医学の基本を学ぶと共に、先端的な研究にも触れて、魅力ある教育を受けることで、夢と希望をいだいて取り組んでほしいものです。

特に大学院は最高学府でもあります。そこで実施されている最先端の研究を、世界最高レベルまで引き上げていく必要があり、そのために指導教員はもちろん、若手研究者も日夜努力しています。特に北海道大学は長い星霜を経た歴史ある総合大学です。学内では生命科学系や理工系との連携を推進しており、さまざまな先駆的な研究が実施されています。そこで勉学をする若手研究者は、無限の可能性を秘めています。皆さんには大きな希望をいだいて、新しい研究に挑戦してほしいものです。その成果は大学内ではもちろん、国内でも国際的にも通用するような高いレベルを目指し、あるいは継続していく必要があります。またそこで働く大学教員は、若手研究者に的確な指導をし、研究者を育て上げることで、共に世界最高レベルを目指しています。それぞれに視野を広げ、大きな希望をいだいてもらいたいものです。クラーク博士の時代からだいぶ経過していますが、現代の私たちもやはり、〝若者よ大志をいだけ〟と声を大にしています。

おわりに

私自身の小さい頃からの経歴を存分に書かせていただき、その中で私から読者へのメッセージを含ませていただきました。私は半世紀以上の間、大学と深い関わり合いをもちました。小さい頃には大学の魅力ある諸先生方に接する機会があり、優れた教育を施していただきました。また大学で教鞭をとる際にも、若手研究者の育成にはとりわけ力を注いできました。自分が育ってきた過程で、また大学で教鞭をとるようになってからも、いろいろな方々にお世話になりました。ここまで育てていただいた多くの方々に心から感謝しています。まさに学ぶこと、教えることは人生の生きがいだと思っています。

私なりに〝太平洋（世界）の懸け橋とならん〟をひとつの目標として邁進

してきました。その成果があったか、今でも世界中の方々と交流を深めていますし、私の周りで視野の広い若手研究者や教員が育ちつつあります。

また今後研究を世界に発信できるように、科学論文の書き方の要点についても記してみました。大学で意欲的に学ぼうとしている学生諸君、また卒業して大学で研究に従事している諸君、そして大学で現在学生教育に携わっておられる諸先生方に、ぜひ一読していただきたいと思います。この本を通して、大学で教育を受け、これから世界に羽ばたく多くの若い世代の方々に、少しでも大学での教育の魅力を感じていただければ幸いです。

このたび大学とのかかわり、経験談を語りつつ私の思いを伝えて、皆様への感謝の言葉に代えたいと考えています。

玉木 長良（たまき ながら）

略歴

1971年　米国ミズーリ州オークパーク高校卒業
1972年　京都教育大学附属高校卒業
1978年　京都大学医学部卒業
1978年　神戸中央市民病院内科研修（２年間）
1984年　京都大学大学院医学研究科 博士過程修了（医学博士）
1984年　米国ハーバード大学医学部　研究員（２年間）
1986年　京都大学医学部核医学科助手
1991年　同　講師
1995年　北海道大学医学部核医学講座 教授（21年間）
2002年　文部省在外研究員ミュンヘン工科大学客員教授
（兼任：２か月）
2007年　北海道大学病院副病院長、医療安全管理部長
（兼任：３年間）
2011年　北海道大学医学研究科長、医学部長（兼任：２年間）
2016年　北海道大学名誉教授

主な著書

1991年　『心臓シンチグラムの読み方　改訂２版』（文光堂）
1991年　『臨床医のための核医学検査　心臓』（金芳堂）
1998年　New Radiotracers in Cardiac Imaging（Appleton & Lange）
2003年　『心臓核医学の基礎と臨床　改訂版』（メディカルセンス）
2010年　Molecular Imaging for Integrated Medical Therapy and Drug Development. State of the art and future perspectives（Springer）
2016年　『わかりやすい核医学』（文光堂）

学ぶことは生きがい

2017年4月1日　発行

著　者　玉木長良

発行者　三浦義昌

発行所　三浦印刷株式会社
〒064−0809
札幌市中央区南9条西6丁目
電話（代表）011・511・6191
FAX　011・512・6041

発売元　株式会社コア・アソシエイツ
〒065−0023
札幌市東区北23条東8丁目
電話　011・702・3993
FAX　011・702・6390

印刷・製本　三浦印刷株式会社

Printed in Japan

ISBN 978-4-86381-128-7